A ORDEM DIDÁTICA
de O Livro dos Espíritos

DICA

Você pode otimizar o estudo
deste livro *"A Ordem Didática"*, em
conjunto com *"O Livro dos Espíritos"*
de Allan Kardec. Caso não possua esta
obra fundamental, você pode
acessá-la online e gratuitamente
na **KARDECPEDIA**.

www.kardecpedia.com

DIREÇÃO E PRODUÇÃO EDITORIAL: Lilian Ramos Massi
PREPARAÇÃO DE TEXTO: Cosme Massi e Lilian Ramos Massi
PROJETO GRÁFICO, DIAGRAMAÇÃO E CAPA: Priscylla Soares Nunes
REVISÃO: KARDEC Books e amigos

ÍNDICE PARA CATÁLOGO SISTEMÁTICO
___

Massi, Cosme
    A Estrutura Didática de O Livro dos Espíritos. 4ª Edição
Cosme Massi.
Curitiba : KARDEC Books, 2020
192 p.
___

1. Brasil: Compreender Kardec: A Estrutura Didática de
O Livro dos Espíritos. Espiritismo. Espiritualismo. Religião.
Ciências da Alma. Filosofia. Filosofia Espírita. Allan Kardec.

Os Espíritos e os Homens
COPYRIGHT © 2014 BY KARDEC Books
Todos os direitos reservados.
www.kardecbooks.com

À minha querida esposa,
Lilian Ramos Massi.
Presente de Deus.

NOTA

A Nobiltà, detentora da KARDEC Books, é uma editora espírita focada na divulgação e aprofundamento do pensamento e obras de Allan Kardec.

Nobiltà é a palavra italiana para nobreza. E seu slogan "Nobreza obriga" é uma expressão do compromisso que assumimos na fidelidade ao pensamento de Allan Kardec.

Nossa missão é divulgar o conhecimento espírita para aqueles que desejam aprofundar a lógica e a riqueza das obras de Allan Kardec, esse Espírito Superior, cientista e pensador admirável.

É com satisfação e senso de responsabilidade que apresentamos ao público este livro, com explicações da ordem didática de uma das maiores obras deixadas para a humanidade: "O Livro dos Espíritos".

Acreditamos que os ensinamentos contidos em nossas obras ajudarão os homens no caminho do conhecimento e na conquista das virtudes, essenciais ao progresso da alma.

A Editora

SUMÁRIO

Introdução — 11

Capítulo I — 17
Como ensinar o Espiritismo segundo
Allan Kardec: ensino e aprendizagem

Capítulo II — 53
Sobre a ordem didática das quatro
partes de *O Livro dos Espíritos*

Capítulo III — 65
Sobre a ordem didática da 1ª parte
de *O Livro dos Espíritos*

Capítulo IV — 77
Sobre a ordem didática da 2ª parte
de *O Livro dos Espíritos*

Capítulo V — 99
Sobre a ordem didática da 3ª parte
de *O Livro dos Espíritos*

Capítulo VI — 145
Sobre a ordem didática da 4ª parte
de *O Livro dos Espíritos*

Capítulo VII — 151
Compreendendo a "Introdução"
de *O Livro dos Espíritos*

I

INTRODUÇÃO

> **"** *Como especialidade, O Livro dos Espíritos contém a doutrina espírita; como generalidade, prende-se à doutrina espiritualista, uma de cujas fases apresenta.*[1] **"**

---

1. Esta é a série Compreender a obra *O Livro dos Espíritos*. Nessa série pretendemos ajudar o leitor a estudar essa fundamental obra do Espiritismo.

No dia 18 de abril de 1857, Allan Kardec publicou a primeira edição de *O Livro dos Espíritos*. Era uma obra menor, com 501 itens, que foi dividida em três partes: *Doutrina Espírita, Das Leis Morais e Das Esperanças e Consolações.*

A obra que examinaremos é a segunda edição,

---

1. *O Livro do Espíritos*, Introdução, item I.

Introdução

de março de 1860, e está dividida em quatro partes, com 1018 itens[2]: *Das causas primárias, Do Mundo Espírita ou Mundo dos Espíritos, Das Leis Morais e Das Esperanças e Consolações.*
Além das quatro partes, *O Livro dos Espíritos* contém uma *Introdução ao estudo da doutrina espírita,* um *Prolegômenos* e uma *Conclusão.*
Nosso propósito nessa série é fornecer orientações para o estudo de todo *O Livro dos Espíritos,* da *Introdução* à *Conclusão.*

2. Neste primeiro volume, abordaremos a estrutura geral de *O Livro dos Espíritos* apresentando argumentos para se compreender a ordem dada para as quatros partes da obra e seus respectivos capítulos.
Por que *O Livro dos Espíritos* foi dividido em quatro partes e qual a relação dessas partes com as outras quatro obras fundamentais publicadas por Kardec: *O Evangelho segundo o Espiritismo, O Livro dos Médiuns, A Gênese e O Céu e o Inferno?*

---

2. A numeração dos itens foi feita por Kardec, do número 1 ao número 1019. No entanto, por algum erro não corrigido por ele, não existe nenhuma questão atribuída ao número 1011, do número 1010 pula-se para o número 1012. Por isso, dizemos que a obra contém 1018 itens numerados por Kardec.

A segunda parte contém 11 capítulos; como entender a ordem dada a esses capítulos? Por que essa segunda parte é o mais completo estudo sobre os Espíritos e suas relações com o mundo corporal?

Allan Kardec, na terceira parte, propõe 10 leis morais; como se pode entender a ordem dada para essas leis? Por que essas leis dão conta de todos os deveres do homem?

Por que a quarta parte é dividida em apenas 2 capítulos?

Essas são algumas das questões que responderemos ao longo deste livro.

Estudaremos, também, a *Introdução ao estudo da doutrina espírita*. Sua Introdução contém 17 itens; como justificar a ordem deles? Além de responder a essa questão, cada item será examinado buscando explicar seus principais conceitos.

Antes de começarmos a analisar a ordem didática de *O Livro dos Espíritos*, trataremos do ensino do Espiritismo nos grupos espíritas. Sendo o Espiritismo uma ciência, devemos ensiná-lo da mesma maneira que uma ciência qualquer? Seu ensino deve ser conduzido da mesma forma que nas escolas e universidades? Quais metodologias devemos adotar?

Introdução

No Capítulo I: Sobre o ensino da *doutrina espírita* – o ponto de vista *kardequiano*, abordaremos tais questões.

No Capítulo II, *Sobre a ordem didática das quatro partes de O Livro dos Espíritos,* começamos a analisar a estrutura geral de *O Livro dos Espíritos*, fornecendo argumentos para se compreender a ordem de suas quatro partes.

No Capítulo III, *Sobre a ordem didática da primeira parte de O Livro dos Espíritos,* discutimos a ordem didática dos seus quatro capítulos.

No Capítulo IV, *Sobre a ordem didática da segunda parte de O Livro dos Espíritos,* discutimos a ordem didática dos seus 11 capítulos e mostramos que esta parte da obra constitui o estudo mais completo e abrangente possível de todos os aspectos das relações entre os Espíritos e o mundo corporal.

No Capítulo V, *Sobre a ordem didática da terceira parte de O Livro dos Espíritos,* discutimos a ordem didática dos seus 12 capítulos, mostrando que as Leis Morais expressam os deveres do homem para com Deus, para consigo mesmo e para com o seu próximo.

No Capítulo VI, *Sobre a ordem didática da quarta parte de O Livro dos Espíritos,* discutimos a ordem didática dos seus dois capítulos, mostrando suas relações com o cumprimento ou não das Leis Morais da terceira parte.

No Capítulo VI, *Compreendendo a "Introdução" de O Livro dos Espíritos,* faremos uma análise da ordem de seus 17 itens, discutindo seus principais temas.

Nos próximos volumes abordaremos cada um dos capítulos de *O Livro dos Espíritos* com seus respectivos itens. ■

Bons estudos!

I

CAPÍTULO

Sobre o ensino da doutrina espírita: o ponto de vista *kardequiano*

I

CAPÍTULO

SOBRE O ENSINO DA DOUTRINA ESPÍRITA: O PONTO DE VISTA *KARDEQUIANO*

"*A convicção não se impõe.***[3] "**

---

3. Ao utilizarmos a palavra *ensino* no título deste capítulo, o que queremos dizer? Em geral, empregamos a palavra *ensinar* para caracterizar a tarefa desempenhada pelos professores nas escolas e universidades. Há, portanto, uma estreita ligação entre a profissão de professor e a atividade caracterizada pelo verbo ensinar.

---

3. *O Livro dos Espíritos,* item 841.

Capítulo I

Cabe observar, também, que as palavras *professor* e *profissão* têm uma origem comum no verbo *professar*: "preencher as funções inerentes a um cargo ou profissão, ensinar, lecionar, professorar".

Ensinar, no sentido usual, significa dar aula, lecionar, atividades próprias dos professores. Será esse o sentido que Kardec atribui à palavra *ensino*, ao fazer referência ao ensino da doutrina espírita? Ou ele atribui um sentido especial a esta palavra, quando aplicada ao ensino da doutrina espírita?

Ao ensinar, o professor faz uso de determinada metodologia, passa tarefas, controla a frequência e avalia o desempenho dos alunos. **Deve-se fazer o mesmo no ensino da doutrina espírita? Deve um grupo espírita, ao ensinar a doutrina espírita, proceder de forma análoga a uma escola ou universidade, controlando a frequência às aulas e avaliando o desempenho dos alunos?**

Essas são as principais questões que responderemos no item I, abaixo, **Sobre o uso de instrumentos formais de controle e avaliação da aprendizagem.**

Como o tema em epígrafe é um tema próprio da Pedagogia, iremos, no item II, abaixo, **Espiritismo versus *pedagogia espírita,*** fazer uma análise do que, para alguns estudiosos, é denominada uma *pedagogia espírita*. Queremos deixar claro, já de início, que em nossa opinião não há ainda uma genuína *pedagogia espírita*. E que, portanto, esse nosso texto não é um texto sobre *pedagogia espírita*. Ademais, denominar uma proposta com sendo uma *pedagogia espírita*, não faz dela uma legítima *pedagogia espírita*.

Por fim, no Item III, **A visão kardequiana sobre o ensino da doutrina espírita**, faremos uma análise do capítulo III, Do Método, primeira parte de *O Livro dos Médiuns*. Mostraremos que é nesse capítulo que Kardec apresenta sua principal contribuição ao ensino da doutrina espírita. As respostas que apresentamos no item I são consequências dessa concepção kardequiana do que deve ser o ensino da doutrina espírita.

I

SOBRE O USO DE INSTRUMENTOS FORMAIS DE CONTROLE E AVALIAÇÃO DA APRENDIZAGEM

4. A palavra ensino, ao ser aplicada ao ensino da doutrina espírita, recebe de Kardec

um sentido próprio: a atividade exercida pelos adeptos para **convencer** ou **persuadir** os incrédulos acerca dos princípios espíritas, por meio da conversação.[4]

Embora à primeira vista pareça pequena a diferença com relação à concepção tradicional de ensino, veremos que ela tem uma implicação relevante nas respostas para as questões sobre o uso de instrumentos formais de controle da frequência e avaliação da aprendizagem: a tarefa de convencer ou persuadir exige um clima de liberdade, de não constrangimento sob qualquer forma.

Não se deve impor a quem se dispõe a fazer um curso de Espiritismo qualquer forma de avaliação de desempenho, quer seja por meio do controle da frequência às atividades ou de aferições de conhecimento. Não se trata de formar um profissional espírita, que precisaria demonstrar por meio de provas formais o conhecimento adquirido. O ensino espírita deve ser necessariamente informal, por meio apenas da conversação. Nas escolas e universidades formam-se profissionais; nos grupos espíritas, jamais isso deverá ocorrer.

---

4. Demonstraremos essa afirmação no item III deste capítulo.

Sobre o ensino da doutrina espírita: o ponto de vista kardequiano

5. O grupo espírita não pode ser confundido com uma escola ou faculdade do mundo. Nas escolas ou faculdades a avaliação formal da aprendizagem é fundamental.

6. Alguém, para ser considerado um físico, por exemplo, deve demonstrar que conhece bem a Física. O aspecto cognitivo é ali o mais importante. Trata-se de saber se o físico responde corretamente às diversas questões acerca dos temas da Física.

No entanto, ninguém pode ser considerado um verdadeiro espírita ao demonstrar que sabe responder corretamente perguntas sobre o Espiritismo.

Passar numa prova que meça conhecimentos sobre Espiritismo, além de não ser suficiente para caracterizar o verdadeiro espírita, pode ser enganador, gerando a ilusão de que "agora já sou espírita", não precisando mais estudar nem viver seus princípios, e de que, em consequência, "estou investido de certa autoridade para falar em nome do Espiritismo".

Cabe ao grupo espírita deixar claro aos seus frequentadores que ser ou não ser espírita é um problema de foro íntimo, de convicção, de avaliação exclusiva da consciência de cada um.

Não compete ao grupo espírita dizer que alguém já sabe, ou não, Espiritismo. Cabe sim, criar um clima favorável ao estudo, à conversação, à aprendizagem do conhecimento espírita e à vivência dos seus postulados.

Alguém poderá argumentar: "avaliamos a aprendizagem dos nossos frequentadores para saber se o grupo espírita está desempenhando bem o seu papel de ensinar Espiritismo. A avaliação é apenas para melhorar a qualidade dos serviços prestados pela casa espírita, para selecionar ou preparar melhor os seus trabalhadores, não é para conceder a ninguém o título de espírita".

O problema com esse argumento é que ele, ao valorizar positivamente os fins, esconde a inadequação dos meios.

Claro que se deve avaliar a competência da casa espírita no desempenho de suas atividades, inclusive na sua principal tarefa de ensinar Espiritismo.

Porém, o caminho mais adequado para se fazer isso, sem correr riscos de causar reais prejuízos ao movimento espírita, não é pela avaliação formal da aprendizagem dos frequentadores e trabalhadores. Este é o caminho de maiores riscos e o menos eficaz. Um caminho mais eficaz e sem consequências danosas é, por exemplo, verificar o grau de satisfação dos frequentadores e trabalhadores por meio da observação e do diálogo.

Quando o ensino é bem conduzido, de forma agradável e profunda, a satisfação se torna patente. Basta observar, ouvir e conversar para saber se estamos oferecendo um ensino adequado. Não é preciso nenhuma prova de conhecimentos, ou controle de frequência, para saber se a palestra foi boa, se as reuniões de estudo estão sendo proveitosas ou se este ou aquele trabalhador está desempenhando a contento o seu trabalho.

Quando não utilizamos instrumentos formais de controle e avaliação, facilitamos o surgimento das verdadeiras competências. Os indivíduos mais aptos se manifestam naturalmente. Surgem as genuínas lideranças. As almas mais valorosas se destacam humildemente.

Qualquer processo formal de avaliação favorece o recrudescimento das vaidades humanas. Este tirou dez na prova, aquele tirou três e assim vamos criando um clima desnecessário de comparações inoportunas e de vaidosa competição. Porque, o que se deseja, como objetivo maior do ensino espírita, é que todos estudem o Espiritismo, uns ajudando os outros na compreensão e na vivência dos postulados espíritas, sem necessidade alguma de demonstração formal de quem sabe mais.

Capítulo I

7. Tais métodos formais de avaliação têm ainda outro sério agravante: podem servir para estabelecer indevidas hierarquias nas casas espíritas e no movimento espírita como um todo. Hierarquias sobre quem sabe mais, quem pode mais, quem é mais espírita ou quem pode falar em nome do Espiritismo. Já vimos tudo isso acontecer com o cristianismo primitivo. Sabemos muito bem onde isso tudo nos levou. Não cometamos os mesmos erros.

A melhor e mais duradoura hierarquia é aquela que surge naturalmente da convivência humana, pela força mesma dos legítimos valores do intelecto e da moral, sem depender de escalas formais de aferição.

Não levemos para o grupo espírita as consequências ruins das avaliações formais que ocorrem dentro da academia. Elas ainda são, na academia, dado o seu papel de formadora de profissionais, uma ferramenta necessária. São instrumentos que a academia dispõe para prestar contas à sociedade da qualidade dos profissionais que entrega ao mercado de trabalho.

O grupo espírita, como uma instituição de ensino livre, não profissional, não tem que prestar contas à sociedade da qualidade ou do grau de conhecimento dos seus frequentadores e trabalhadores. São estes mesmos, frequentadores e trabalhadores, os únicos responsáveis por sua própria conduta ou conhecimento.

Nem mesmo devemos utilizar métodos formais de avaliação a pretexto de apenas servir de orientação para os dirigentes espíritas sobre o nível de conhecimento ou o perfil dos frequentadores das reuniões.

Controle de frequência ou provas formais não servem para aferir a convicção de quem quer que seja.

Claro que os dirigentes devem conhecer os frequentadores da casa espírita antes de lhes atribuírem tarefas. Mas esse conhecimento não deve ser obtido por meio de métodos formais de avaliação. O conhecimento deve ser obtido pelos mesmos caminhos que os pais utilizam quando procuram conhecer seus filhos, ou os amigos quando procuram se conhecer uns aos outros. A observação atenta, o diálogo fraterno, a conversação franca e honesta, a convivência mútua, em clima de respeito e confiança, nos fazem conhecer uns aos outros de forma rica e profunda.

A verdadeira autoridade nasce da convivência mútua e do vigor moral demonstrado no dia-a-dia. Nunca deve ser concedida por instrumentos formais de avaliação.

8. Além de poder levar a enganos, o uso de metodologias formais de avaliação pode ser desmotivador. A verdadeira motivação para estudar Espiritismo deve partir do foro íntimo de cada um. Na linguagem técnica, a motivação deve ser intrínseca.

O Espiritismo em si mesmo, pela lógica e beleza de suas teses e argumentos, deve ser capaz de despertar no adepto o desejo de estudá-lo cada vez mais. Devo continuar a estudar o Espiritismo, sempre e sempre, por sua grandiosidade e pelas consequências benéficas que consigo extrair dele, não para ir bem numa avaliação sobre Espiritismo.

Não devo ser constrangido por outros a estudar Espiritismo, seja para passar de uma turma para outra, seja para receber uma tarefa no grupo espírita. O sentimento de obrigação deve partir do próprio indivíduo. Quase sempre quando se é obrigado a estudar, por qualquer procedimento exterior à própria consciência, não se adquire a convicção, nem se sente prazer em estudar.

Como é desagradável ter que estudar para fazer uma avaliação!

Na academia, a motivação extrínseca, por meio de instrumentos formais de controle da frequência e avaliação da aprendizagem, é importante. A academia não tem compromisso com a felicidade ou a convicção de ninguém. Seu compromisso é com o conhecimento científico e com a formação profissional. Como físico não precisarei demonstrar minha convicção pelas teorias físicas ou minha felicidade em conhecê-las, basta mostrar que tenho conhecimento da Física e que estou apto para o exercício profissional. Como verdadeiro espírita, preciso, também, estar convicto e feliz.

9. O Espiritismo, diz Kardec, "é o resultado de uma convicção pessoal, que os cientistas, como indivíduos, podem adquirir, abstração feita da qualidade de cientistas."[5]

Resumindo, podemos dizer: o uso de instrumentos formais de controle e avaliação da aprendizagem, no ensino da doutrina espírita no grupo espírita, é desnecessário, ineficaz e prejudicial ao estudo do Espiritismo e ao movimento espírita como um todo.

Uma vez que não se devem criar mecanismos externos que obriguem os frequentadores a estudar, o poder de motivação que os trabalhadores da casa devem possuir é fundamental. Não é possível simular um estudo agradável e prazeroso. Ou o estudo é

---

5. *O Livro dos Espíritos,* Introdução, item VII.

bom, atraente e profundo, ou os frequentadores demonstrarão sua insatisfação de várias formas: cochilando, reclamando, faltando muito ou mudando de grupo espírita.

Nossa responsabilidade como trabalhadores do grupo espírita é muito grande: fazer da nossa instituição um lugar no qual o Espiritismo seja estudado com seriedade e alegria, sem mecanismos exteriores de motivação.

Seriedade a ser demonstrada pelo esforço permanente para estudar, refletir e viver os postulados espíritas. Alegria que deverá surgir do prazer espontâneo que o estudo e a convicção espírita nos conferem.

II

ESPIRITISMO VERSUS PEDAGOGIA ESPÍRITA

Quem faz um estudo sério a partir das obras de Kardec tem um conhecimento claro do que vem a ser a ciência e a filosofia espíritas. Trata-se de uma doutrina que investiga os Espíritos e suas relações com o mundo corporal.

As investigações de Kardec sobre o Espírito concluíram que estes nada mais são do que as almas dos homens, dotadas de um corpo semimaterial, o *perispírito*.

A natureza da alma nos é desconhecida, sabemos apenas que difere de tudo que chamamos de matéria. O perispírito é de natureza semimaterial, no sentido de que é capaz de interagir com a matéria propriamente dita, embora ainda não saibamos definir sua natureza material. Os Espíritos são as almas com seus perispíritos.

Os Espíritos são imortais, foram criados simples e ignorantes e se instruem nas diversas existências corporais. Como Espíritos, somos hoje o resultado de nossas próprias aquisições no decorrer das diversas existências.

Cada nova existência é um novo ponto de partida. Os Espíritos nascem qual se fizeram. Somos os herdeiros de nós mesmos. Embora a vida corporal impeça em parte a memória do passado, expressamos por meio das nossas tendências instintivas as aquisições de outrora. Nossas virtudes, nossos vícios ou nosso caráter são expressões de nossas conquistas.

As dificuldades de aprendizagem neste ou naquele setor das artes ou das ciências são consequências das nossas existências anteriores e se expressam como limitações escolhidas ou impostas à nossa roupagem carnal.

Capítulo I

Problemas de aprendizagem de hoje podem ter suas origens no passado próximo ou remoto da alma.

Da mesma forma, as facilidades de aprendizagem são frutos das conquistas equilibradas da alma. Tudo o que fizemos retorna para nós mesmos. O gênio de hoje é o resultado do esforço próprio ao longo das diversas vidas.

Facilidades de aprendizagem hoje, conquistas de ontem.

Sentimentos profundos de amor e fraternidade demonstram o cultivo dedicado desses valores ao longo das existências.

Qualquer tese espírita sobre a aprendizagem humana terá que se apoiar nas conclusões espíritas sobre a anterioridade da alma, sobre como suas conquistas se refletem em seus veículos físicos: o perispírito e o corpo físico.

11. O perispírito, diz Kardec[6], *"representa importantíssimo papel no organismo e numa multidão de afecções, que se ligam à fisiologia, assim como à psicologia."* Mas, de que maneira, cientificamente falando, isso se dá, ainda não sabemos. Temos essa caracterização moral das

---

6. A Gênese, capítulo I, Caráter da Revelação Espírita, item 39.

influências do perispírito sobre o corpo físico, mas não conhecemos ainda os mecanismos ou as leis científicas que regulam tais interações. Até lá, nossa psicologia da aprendizagem e, como consequência natural nossa pedagogia, ainda não poderão ser chamadas de espíritas.

Os principais estudos sobre a relação ensino-aprendizagem se apoiam nas teses materialistas. Consideram o homem como sendo uma *tábula rasa*, sem conquistas anteriores, cuja capacidade de aprender depende apenas de seus recursos genéticos e do processo educativo que venha a receber.

Mesmo aqueles pensadores que eram espiritualistas não estudaram a relação ensino-aprendizagem sobre bases espiritualistas. Supor que somos uma alma e que trazemos ideias inatas não é suficiente para a formulação de uma pedagogia espiritualista, quem dirá espírita.

As doutrinas das ideias inatas e da existência da alma, que têm origem desde a Grécia antiga, não foram formuladas com precisão científica o suficiente para permitirem a construção sequer de uma psicologia espiritualista. As formulações espiritualistas modernas em nada avançaram.

Os estudos materialistas, estes sim, é que fizeram grandes progressos. Psicologias da aprendizagem materialistas foram bem construídas ao longo dos últimos 200 anos. Os estudos de Freud, Lacan, Winnicott, Skinner, Watson, Wertheimer, Kofka, Lewin, Piaget, Vigotsky e tantos outros construíram as bases das pedagogias modernas.

Temos hoje muitas propostas pedagógicas, todas elas, no entanto, com bases materialistas, ou, quando muito, com uma pequena inspiração espiritualista.

Nossas pedagogias de hoje são pedagogias materialistas. Mas, não há problema algum nisso. Não é porque não devemos denominá-las de espíritas que não são adequadas para auxiliar o homem na compreensão da relação ensino-aprendizagem e no estabelecimento de métodos e técnicas de ensino-aprendizagem.

Precisamos abandonar a pretensão de que atribuir o qualificativo *espírita* sempre gera algum acréscimo de mérito. Muitas áreas das ciências e das artes são excelentes e não podem, por sua própria natureza, ser qualificadas como espíritas.

Sejamos honestos! Por que atribuir o qualificativo de espírita quando isso não couber? O que ganhamos com isso? Na verdade, todos saímos perdendo pois criamos uma grande confusão com o mau uso da terminologia.

Não deveríamos, também, ao fazer estudos

sobre as contribuições dos mais eminentes pedagogos, à luz da doutrina espírita, denominar tais estudos de *pedagogia espírita*.

Convenhamos, analisar uma ciência ou uma teoria qualquer à luz da doutrina espírita, não nos dá o direito de qualificar tal ciência ou teoria como espírita. Nem mesmo tal análise poderia ser vista como uma tentativa de construir uma nova ciência ou teoria espírita.

Uma legítima *pedagogia espírita* não poderá ser construída apenas fazendo remendos nas pedagogias materialistas existentes. A questão é bem mais profunda: trata-se de estabelecer um novo paradigma.

Tal paradigma só poderá ser construído quando todas as principais teses espíritas e suas diversas consequências forem levadas em consideração. Estamos ainda muito longe disso. Até lá precisamos mesmo é fazer um melhor uso das notáveis contribuições dos diversos pedagogos materialistas.

Isto posto, vamos estudar agora as sensatas conclusões de Kardec sobre o ensino da doutrina espírita. Como veremos, Kardec fará um bom uso das contribuições das pedagogias materialistas de sua época, mas não fez, nem jamais pretendeu fazer, uma *pedagogia espírita*.

Capítulo I

III

A VISÃO KARDEQUIANA SOBRE O ENSINO DA DOUTRINA ESPÍRITA

12. Faremos agora uma análise detalhada do capítulo III, do Método[7], apresentando a concepção de Kardec sobre o ensino da doutrina espírita. O capítulo é dividido em vários itens, numerados de 18 a 35. Sempre que fizermos citações utilizaremos esses números para a localização no texto.

Para facilitar o entendimento do pensamento desenvolvido por Kardec ao longo do seu capítulo, apresentamos, inicialmente, uma leitura tradicional do processo ensino-aprendizagem. É a partir dessa leitura que o capítulo será examinado.

No processo de ensino-aprendizagem podemos destacar pelos menos quatro elementos fundamentais:

1. **O objeto de ensino ou de aprendizagem, com seus objetivos;**
2. **O indivíduo que aprende;**
3. **O sujeito que ensina ou orienta a aprendizagem;**
4. **O método de ensino ou de aprendizagem.**

-----

7. Allan Kardec, O Livro do Médiuns, primeira parte, capítulo III, Do Método.

Esses quatro elementos são interdependentes. O sujeito que ensina ou orienta a aprendizagem deve dominar o objeto de ensino, saber dos objetivos a serem alcançados, conhecer o perfil do aprendiz e, a partir daí, estabelecer o método mais adequado para levar o aprendiz a alcançar os objetivos pretendidos com o objeto de estudo. Essa é uma recomendação de bom senso de qualquer pedagogia prática.

Kardec faz ao longo do seu capítulo um bom uso desses quatro elementos. O objeto de ensino ou aprendizagem é o Espiritismo, o objetivo principal é levar à convicção, o aprendiz é o incrédulo, o sujeito que ensina ou orienta a aprendizagem é o adepto ou crente e o método de ensino é o diálogo, a conversação, para persuadir os incrédulos.

13. Percorreremos agora todo o capítulo III, para apresentar uma análise detalhada de cada um desses quatro elementos.

Inicialmente, no item 18, o objetivo principal do capítulo é definido:

> "Vejamos, então, de que maneira será melhor se ministre o ensino da doutrina espírita, para levar com mais segurança à convicção."

Capítulo I

O objeto de ensino é claramente definido: a doutrina espírita. O principal objetivo deste ensino, na casa espírita, é levar à convicção. Não se trata, portanto, de levar o aprendiz apenas a conhecer o Espiritismo, mas, principalmente, de torná-lo espírita, isto é, de produzir nele a convicção espírita.

Embora utilize a palavra *ensino*, no pequeno trecho citado, Kardec demonstra uma certa cautela com o sentido que poderá ser dado a ela pelos leitores:

> "Não se espantem os adeptos com esta palavra - *ensino*."

Por que será que Kardec faz essa afirmativa? O que poderia levar os adeptos a ficarem espantados? Talvez porque a palavra *ensino* esteja usualmente associada ao que se faz na escola ou na academia. Nelas, quem ensina ou orienta a aprendizagem é o professor. Seu objetivo principal não é levar o aluno à convicção. Sua tarefa é ensinar uma ciência, uma técnica ou uma arte, ou formar um profissional, não fazer prosélitos.

Para deixar claro que não se trata do ensino tal como se faz numa escola, ele acrescenta:

> "Não constitui ensino unicamente o que é dado do púlpito ou da tribuna. Há também o da simples conversação. Ensina todo aquele que procura persuadir a outro, seja pelo processo das explicações, seja pelo das experiências."

A referência ao "púlpito" ou à "tribuna" é uma alusão ao que se faz na escola ou na academia. O ensino da doutrina espírita, na casa espírita, não deve ser esse tipo de ensino professoral; trata-se apenas da simples conversação, pois seu objetivo é a convicção, não a formação profissional. A convicção é o resultado de uma decisão pessoal, que não precisa ser aferida.

É por isso que, ao fazer uso do esquema clássico sobre os quatro principais elementos do processo ensino-aprendizagem, Kardec não usa as palavras *professor* e *aluno,* mas utiliza as palavras *adepto* (ou *crente*) e *incrédulo*. Essas palavras representam adequadamente o objetivo principal do ensino espírita, na casa espírita: fazer de um incrédulo um crente ou adepto, alguém que adquiriu, por si mesmo, a convicção espírita. Se utilizasse as palavras mais comuns do esquema clássico, *professor* e *aluno,* poderia levar os adeptos a se equivocarem quanto ao seu verdadeiro papel e assim a confundir a casa espírita com uma escola ou academia.

Capítulo I

Para resumir este item 18, apresentamos uma síntese do que deve ser a concepção de ensino espírita, na casa espírita:

> O ensino da doutrina espírita é a atividade exercida pelos adeptos para convencer ou persuadir os incrédulos acerca dos princípios espíritas, por meio da conversação e do diálogo.

14. No item 19, Kardec argumenta sobre a importância de se conhecer o perfil dos incrédulos. Quem ensina deve levar em consideração o conhecimento e a crença do aprendiz. Em se tratando de Espiritismo, o adepto deve saber o que o aprendiz pensa a respeito da alma. Se ele acredita ou não que há, no homem, algo mais que um corpo material, ou seja, se ele é materialista ou espiritualista. O adepto deve ensinar a partir daquilo que o incrédulo já sabe, pois:

> "Todo ensino metódico deve partir do conhecido para o desconhecido."

Se o incrédulo é materialista, o caminho é um. Se ele é espiritualista, o caminho é outro. Por isso, o adepto deve conhecer muito bem o perfil do incrédulo. O método de ensino dependerá muito desse conhecimento sobre o aprendiz:

> "Antes, pois, de tentarmos convencer um incrédulo, mesmo por meio dos fatos, cumpre nos certifiquemos de sua opinião relativamente à alma, isto é, cumpre verifiquemos se ele crê na existência da alma, na sua sobrevivência ao corpo, na sua individualidade após a morte. Se a resposta for negativa, falar-lhe dos Espíritos seria perder tempo. Eis a regra."

Demonstrada a importância de se conhecer o perfil do aprendiz ou incrédulo, serão apresentados, nos itens 20 a 26, os diversos tipos de incrédulos. Começando por aqueles incrédulos que negam de forma absoluta a existência da alma até aqueles que a aceitam de alguma forma:

- Item 20 – Os *materialistas por sistema* – Negam de forma absoluta e sistemática a existência da alma;

- Item 21 – Os *materialistas por falta de coisa melhor* – A crença na alma não é de todo nula, há um gérmen latente. É o náufrago a quem se lança uma tábua de salvação;

- Item 22 – Os *incrédulos de má-vontade* – Fecham os olhos para não ver e tapam os ouvidos para não ouvir;

Capítulo I

• Item 23 – *Os incrédulos por interesse ou de má-fé* – Não há o que deles dizer, como não há com eles o que fazer;

• Item 24 – *Os incrédulos por pusilanimidade, por escrúpulos religiosos, por orgulho, por espírito de contradição, por negligência, por leviandade, etc.;*

• Item 25 – *Os incrédulos por decepções* – Os que passaram de uma confiança exagerada à incredulidade. Resultado de incompleto estudo do Espiritismo e de falta de experiência;

• Item 26 – *Os incertos* – Há uma vaga intuição das ideias espíritas. Não lhes falta aos pensamentos senão serem coordenados e formulados.

15. Examinados os diversos tipos de incrédulos, Kardec passa a investigar o perfil dos crentes ou adeptos.

Como o objetivo principal do ensino da doutrina espírita é fazer com que os incrédulos se tornem adeptos, é importante saber que tipo de crente podemos ser. O nosso sucesso ou fracasso no ensino da doutrina espírita depende do tipo de adepto que somos. Alguns adeptos são mais aptos que outros para a tarefa de persuadir.

Os crentes, ou adeptos, são divididos em dois grandes grupos:

1) Os crentes sem um estudo direto (item 27)
Os espíritas sem o saberem:

> "Sem jamais terem ouvido tratar da doutrina espírita, possuem o sentimento inato dos grandes princípios que dela decorrem."

2) Os crentes com um estudo direto (item 28)
Os espíritas experimentadores:

> "Os que creem pura e simplesmente nas manifestações. O Espiritismo é apenas uma ciência de observação."

> *Espíritas imperfeitos:*
> "Os que veem mais do que os fatos. Compreendem a parte filosófica. Admiram a moral, mas não a praticam."

> *Os verdadeiros espíritas:*
> "Os que não se contentam com admirar a moral espírita, que a praticam e lhe aceitam todas as consequências."

> *Os espíritas exaltados:*
> "Os que possuem confiança demasiadamente cega e frequentemente pueril, no tocante

ao mundo dos espíritos... O entusiasmo, porém, não reflete, deslumbra. Esta espécie de adeptos é mais nociva do que útil à causa do Espiritismo."

16. Agora só falta investigar o último dos quatro elementos principais do processo ensino-aprendizagem: o método de ensino. Essa investigação é feita nos itens de 29 a 35.

Podemos sintetizar dizendo que os meios de convencer, de ensinar ou de aprender devem se apoiar na seguinte estratégia:

> Ensinar de acordo com o perfil do aprendiz; não perder tempo com um incrédulo obstinado; começar pela teoria; utilizar-se da conversação, do diálogo, da persuasão:

Item 29 – O critério geral é ensinar de acordo com o perfil do aprendiz:

> "Os meios de convencer variam extremamente, conforme os indivíduos. O que persuade a uns nada produz em outros; este se convenceu observando algumas manifestações materiais, aquele por efeito de comunicações inteligentes, o maior número pelo raciocínio." Uma explicação prévia da teoria "produz o efeito de destruir as ideias preconcebidas e de mostrar, senão

a realidade, pelo menos a possibilidade da coisa, que, assim, é compreendida antes de ser vista. Ora, desde que se reconhece a possibilidade de um fato, três quartos da convicção estão conseguidos."

Item 30 – Não perder tempo com um incrédulo obstinado:

"Convirá se procure convencer a um incrédulo obstinado?... Com relação ao que se não convenceu pelo raciocínio, nem pelos fatos, a conclusão a tirar-se é que ainda lhe cumpre sofrer a prova da incredulidade... Dirigi-vos, portanto, aos de boa-vontade, cujo número é maior do que se pensa, e o exemplo de suas conversões, multiplicando-se, mais do que simples palavras, vencerá as resistências."

Item 31 – Começar pela teoria, por quê? Porque há problemas em se começar pelos fenômenos e vantagens em se começar pela teoria:

PROBLEMAS EM SE COMEÇAR PELOS FENÔMENOS

Não é possível fazer um curso de Espiritismo experimental, como se faz um curso de Física ou de Química.

Capítulo I

"Nas ciências naturais, opera-se sobre a matéria bruta, que se manipula à vontade, tendo-se quase sempre a certeza de poderem regular-se os efeitos. No Espiritismo, temos que lidar com inteligências que gozam de liberdade e que a cada instante nos provam não estar submetidas aos nossos caprichos. Cumpre, pois, observar, aguardar os resultados e colhê-los à passagem."

"Acrescentemos mais que, para serem obtidos [os fenômenos], precisa se faz a intervenção de pessoas dotadas de faculdades especiais e que estas faculdades variam ao infinito, de acordo com as aptidões dos indivíduos. Ora, sendo extremamente raro que a mesma pessoa tenha todas as aptidões, isso constitui uma nova dificuldade, porquanto mister seria ter-se sempre à mão uma coleção completa de médiuns, o que absolutamente não é possível."

VANTAGENS EM SE COMEÇAR PELA TEORIA

"Aí todos os fenômenos são apreciados, explicados, de modo que o estudante vem a conhecê-los, a lhes compreender a possibilidade, a saber em que condições podem produzir-se e quais os obstáculos que podem encontrar. Então, qualquer que seja a ordem em que se apresentem, nada terão que surpreenda."

"...a de poupar uma imensidade de decepções àquele que queira operar por si mesmo. Precavido contra as dificuldades, ele saberá manter-se em guarda e evitar a conjuntura de adquirir a experiência à sua própria custa."

Item 32:

"Ainda outra vantagem apresenta o estudo prévio da teoria — a de mostrar imediatamente a grandeza do objetivo e o alcance desta ciência... Quem quer que reflita compreende perfeitamente bem que se poderia abstrair das manifestações, sem que a Doutrina deixasse de subsistir. As manifestações a corroboram, confirmam, porém, não lhe constituem a base essencial. O observador criterioso não as repele; ao contrário, aguarda circunstâncias favoráveis, que lhe permitem testemunhá-las."

17. "Começar pela teoria", este deve ser o caminho. No entanto, para que não se perca de vista a importância dos fenômenos numa ciência experimental como o Espiritismo, Kardec esclarece, nos itens 33 e 34, o verdadeiro papel dos fenômenos e sua interação com a teoria:

Capítulo I

A IMPORTÂNCIA DOS FENÔMENOS E O SEU VERDADEIRO PAPEL

Item 33:

"Demais, fora inexato dizer-se que os que começam pela teoria se privam do objeto das observações práticas. Pelo contrário, não só lhes não faltam os fenômenos, como ainda os de que eles dispõem maior peso mesmo têm aos seus olhos, do que os que pudessem vir a operar-se em sua presença. Referimo-nos aos copiosos fatos de *manifestações espontâneas...* A teoria lhes vem dar a explicação. E afirmamos que esses fatos têm grande peso, quando se apoiam em testemunhos irrecusáveis, porque não se pode supô-los devidos a arranjos, nem a conivências."

Item 34:

"Singularmente se equivocaria, quanto à nossa maneira de ver, quem supusesse que aconselhamos se desprezem os fatos. Pelos fatos foi que chegamos à teoria... Dizemos apenas que, sem o raciocínio, eles não bastam para determinar a convicção; que uma explicação prévia, pondo termo às prevenções e mostrando que os fatos em nada são contrários à razão, *dispõe* o indivíduo a aceitá-los...Assim, pois, a inteligência prévia dos fatos não só as coloca em condições de se aperceberem de todas as anomalias, mas também de apreenderem um sem-número de particularidades, de matizes, às vezes muito delicados, que escapam ao observador ignorante. Tais os motivos que nos forçam a não admitir, em nossas sessões experimentais, senão quem possua suficientes noções preparatórias, para compreender o que ali se faz, persuadido de que os que lá fossem, carentes dessas noções, perderiam o seu tempo ou nos fariam perder o nosso."

18. Terminada a apresentação dos quatros elementos principais do processo de ensino-aprendizagem, Kardec sugere uma ordem de leitura de suas principais obras.

Item 35 – Ordem de leitura sugerida por Kardec[8]:

- **1º O que é o Espiritismo?**
"...contém sumária exposição dos princípios da doutrina espírita, um apanhado geral desta, permitindo ao leitor apreender-lhe o conjunto dentro de um quadro restrito. Em poucas palavras ele lhe percebe o objetivo e pode julgar do seu alcance."

---

8. Kardec não faz menção às outras obras completares porque esse capítulo foi escrito antes da existência delas.

• 2º *O Livro dos Espíritos*
"Contém a doutrina completa, como a ditaram os próprios Espíritos."

• 3º O Livro dos Médiuns
"É um guia, tanto para os médiuns, como para os evocadores, e o complemento de *O Livro dos Espíritos.*"

• 4º *A Revue Spirite*
"Variada coletânea de fatos, de explicações teóricas e de trechos isolados, que completam o que se encontra nas duas obras precedentes, formando-lhes, de certo modo, a aplicação."

19. A sugestão de leitura proposta demonstra, uma vez mais, o bom senso de Kardec.

Primeiramente, deve-se começar por uma visão geral da doutrina, para se ter uma ideia completa de todos os seus princípios. Depois, deve-se aprofundar cada um desses princípios. Para isso não há obra melhor do que *O Livro dos Espíritos*. A seguir, estudar todas as outras obras complementares que surgiram a partir dessa obra fundamental.

As obras de Kardec, na ordem sugerida por ele, são as mais indicadas para serem utilizadas pelos grupos de estudos. Não vale a pena substituir a leitura direta dessas obras pela leitura de qualquer outro material didático já produzido. Os textos *kardequianos* são claros, didáticos e profundos.

Sobre o ensino da doutrina espírita: o ponto de vista kardequiano

Somente pelo estudo dessas obras se pode ter uma visão completa, não distorcida, da doutrina espírita.

E por fim:

> "Os que desejem tudo conhecer de uma ciência devem necessariamente ler tudo o que se ache escrito sobre a matéria, ou, pelo menos, o que haja de principal, não se limitando a um único autor. Devem mesmo ler o pró e o contra, as críticas como as apologias, inteirar-se dos diferentes sistemas, a fim de poderem julgar por comparação... Não nos cabe ser o juiz e parte e não alimentamos a ridícula pretensão de ser o único distribuidor da luz. Toca ao leitor separar o bom do mau, o verdadeiro do falso."

Para concluir esse primeiro capítulo, vamos repetir o que dissemos no início, como síntese das ideias centrais:

> O objeto de ensino ou aprendizagem é o Espiritismo, o objetivo principal é levar à convicção, o aprendiz é o incrédulo, o sujeito que ensina ou orienta a aprendizagem é o adepto ou crente e o método de ensino é o diálogo, a conversação, para persuadir os incrédulos.

No próximo capítulo examinaremos a ordem didática das quatro partes de *O Livro dos Espíritos.* ■

II

CAPÍTULO

Sobre a ordem didática das quatro partes de *O Livro dos Espíritos*

II

CAPÍTULO

SOBRE A ORDEM DIDÁTICA DAS QUATRO PARTES DE *O LIVRO DOS ESPÍRITOS*

" *"O homem que julga infalível a sua razão está bem perto do erro."*[9] **"**

20. Allan Kardec, nos Prolegômenos de *O Livro dos Espíritos*, afirma:

"Este livro é o repositório de seus ensinos. Foi escrito por ordem e mediante ditado de Espíritos superiores, para estabelecer os fundamentos de uma filosofia racional, isenta dos preconceitos do espírito de sistema. Nada contém que não seja a

---

9. *O Livro dos Espíritos*, Introdução, item VII

expressão do pensamento deles e que não tenha sido por eles examinado. Só a ordem e a distribuição metódica das matérias, assim como as notas e a forma de algumas partes da redação constituem obra daquele que recebeu a missão de os publicar."

As expressões *ordem* e *distribuição metódica* sublinhadas no texto acima são por demais sugestivas. Indicam que Kardec escreveu a obra fundamental da doutrina espírita segundo uma sistemática que é, ao mesmo tempo, filosófica, lógica e didaticamente bem ordenada.

Kardec não deixou nada escrito sobre os critérios que utilizou para ordenar as partes, os capítulos e os itens de *O Livro dos Espíritos*. Sabemos que ele deu uma ordem, mas não temos os critérios que foram por ele utilizados. Só podemos fazer especulações sobre algum critério examinando a ordem e os títulos dos capítulos de *O Livro dos Espíritos*. Foi o que fizemos. Mesmo assim, buscamos apenas uma ordem didática, que facilitasse o estudo e a localização dos assuntos abordados.

A ordem didática que vamos propor foi obtida a partir de um estudo detalhado da *Tábua das Matérias*, isto é, do índice de *O Livro dos Espíritos,* com o objetivo de explicitar alguma lógica subjacente à ordem e à distribuição metódica das matérias.

Não temos a intenção de passar a ideia de que a ordem didática que estamos propondo para *O Livro dos Espíritos* seja aquela pensada por Kardec. A proposta a ser apresentada é o resultado de nossos próprios esforços na busca de uma fundamentação, lógica e didática, para a ordem e a distribuição das matérias nessa obra.

Didática porque facilita o estudo sistemático da obra, estabelecendo uma ordem simples e explicitando relações entre as quatro partes da obra e seus capítulos.

Por que a obra foi dividida em quatro partes ou livros? Como entender a ordem dada aos capítulos de cada uma dessas partes? De que forma didática podemos agrupar as leis morais estabelecidas na terceira parte? São algumas das questões que serão tratadas a seguir.

21. Não é o nosso propósito discutir o método científico utilizado por Allan Kardec. A "Excelência metodológica do Espiritismo" - a tese de que o Espiritismo se ajusta perfeitamente aos critérios modernos para a caracterização de uma ciência - foi criteriosamente explorada por Chibeni, em artigo publicado no *Reformador*.[10]

---

10. CHIBENI, Sílvio Seno. A excelência metodológica do Espiritismo. Reformador, novembro de 1988, pp. 328-33 e dezembro de 1988, pp.373-8.

Capítulo II

Devemos deixar claro, desde agora, que não estaremos propondo um método científico para a elaboração do Espiritismo. Estaremos apenas sugerindo uma <u>forma</u> didática para o ensino da doutrina espírita a partir de *O Livro dos Espíritos*. Não é uma estruturação científica do Espiritismo, mas uma forma didática de se fazer a leitura de *O Livro dos Espíritos*.

22. Dividiremos nossa apresentação em duas etapas.

Na primeira etapa daremos uma visão da estrutura geral da obra, levando em consideração a sua divisão em quatro partes (ou livros). Isto é, apresentaremos argumentos como justificativa para essa divisão em quatro partes. Foi provavelmente essa divisão que deu origem às outras quatro obras fundamentais da doutrina espírita. Todas as outras quatro principais obras de Kardec nasceram como um desenvolvimento de cada uma das partes de *O Livro dos Espíritos*.

Na segunda etapa discutiremos cada uma das quatro partes, mostrando de que forma se pode visualizar uma estrutura didática interna subjacente a cada uma delas. A partir dessa estrutura interna, pode-se justificar a ordem proposta por Kardec para os capítulos constituintes da obra. Por exemplo, na segunda parte, Do Mundo Espírita ou Mundo dos Espíritos, como justificar a ordem apresentada para os seus 11 capítulos?

23. Kardec responde à pergunta "O que é o Espiritismo?", da seguinte maneira:

> "O Espiritismo é, ao mesmo tempo, uma ciência de observação e uma doutrina filosófica. Como ciência prática ele consiste nas relações que se estabelecem entre nós e os Espíritos; como filosofia, compreende todas as consequências morais que dimanam dessas mesmas relações.

Podemos defini-lo assim:

O Espiritismo é uma ciência que trata da natureza, origem e destino dos Espíritos, bem como de suas relações com o mundo corporal." (O que é o Espiritismo, Preâmbulo).

Essa resposta nos sugere o essencial para o estudo da doutrina espírita. O Espiritismo tem como objeto de estudos os Espíritos e suas relações com o mundo corporal, bem como todas as consequências morais que daí decorrem. Assim, a principal obra do Espiritismo, *O Livro dos Espíritos*, deve tratar dessas questões de forma sistemática e seguindo uma ordem didática simples.

Uma ordem didática simples seria a seguinte:

• **Primeiro – Estudar os Espíritos e suas relações com o mundo corporal;**

• **Segundo – Estudar as consequências morais que decorrem das relações dos Espíritos com o mundo corporal.**

24. No estudo dos Espíritos e suas relações com mundo corporal dois elementos surgem naturalmente: o espírito e a matéria. Esses são os dois elementos gerais do Universo. As duas causas de todos os fenômenos estudados pelo Espiritismo. Acima e antes deles a causa primária de todas as coisas: Deus.

Deus, espírito e matéria constituem as causas de tudo o que existe. Os pontos de partida para a filosofia espírita e para a ciência espírita.

Assim, *O Livro dos Espíritos* começa estudando essas causas fundamentais. Sua **primeira parte** tem como título: *Das causas primeiras.*

Estudada as causas primeiras, *O Livro dos Espíritos* passa a abordar o objeto fundamental do Espiritismo, os Espíritos e suas relações com o mundo corporal. Isso é feito na **segunda parte** da obra: *Do mundo espírita ou mundo dos Espíritos.*

Resta agora tratar das consequências morais

que dimanam das relações dos Espíritos com o mundo corporal. No estudo dessas consequências morais, dois elementos se apresentam: as leis morais que decorrem dessas relações e as implicações para o Espírito do cumprimento ou não dessas leis.

De outra forma, quais são as leis morais que surgem do estudo dos Espíritos e de suas relações com o mundo corporal? Quais as consequências para os Espíritos do cumprimento ou não dessas leis morais? Duas perguntas que se colocam naturalmente e que serão respondidas nas duas partes seguintes do *O Livro dos Espíritos*.

Na **terceira parte,** *Das leis morais,* são apresentadas as leis morais que devem regular a conduta dos Espíritos em seu processo evolutivo nos mundos corporais. A moral espírita decorre dos ensinos dados pelo Espíritos Superiores e se apoia nos relatos dos estados de felicidade ou infelicidade dos Espíritos na vida espiritual.

Na **quarta parte,** *Das esperanças e consolações,* são estudadas as consequências para os Espíritos do cumprimento ou não das leis morais nos dois planos da vida, mundo espiritual e mundo corporal. Trata-se de mostrar que a felicidade ou a infelicidade dos Espíritos está na razão do progresso moral alcançado nos dois planos da vida, material e espiritual.

Capítulo II

Esquematicamente, podemos resumir *O Livro dos Espíritos* em quatro partes:

DA ORDEM DIDÁTICA GERAL
(OBJETOS DE ESTUDO DO ESPIRITISMO)

PRIMEIRO

Estudar os Espíritos e suas relações com o mundo corporal.

DAS CAUSAS PRIMEIRAS	**DO MUNDO ESPÍRITA OU MUNDO DOS ESPÍRITAS**
PRIMEIRA PARTE	SEGUNDA PARTE

SEGUNDO

Estudar as consequências morais que decorrem das relações dos Espíritos com o mundo corporal.

DAS LEIS MORAIS	**DAS ESPERANÇAS E CONSOLAÇÕES**
TERCEIRA PARTE	QUARTA PARTE

Sobre a ordem didática das quatro partes de O Livro dos Espíritos

25. Cada uma das quatros partes de *O Livro dos Espíritos* foi desenvolvida por Kardec em outras quatro obras complementares. Para investigar com mais profundidade as causas primárias, **primeira parte,** publicou *A Gênese, os Milagres e as Predições Segundo o Espiritismo,* em 1868.

Para desenvolver a **segunda parte,** publicou *O Livros dos Médiuns,* em 1861.

A **terceira parte,** *Das Leis Morais,* foi desenvolvida em *O Evangelho Segundo o Espiritismo,* publicada em duas edições: em 1864, com o título de 'Imitação do Evangelho Segundo o Espiritismo'; e, em 1865, com o título definitivo de 'O Evangelho Segundo o Espiritismo'.

A **quarta parte**, Das Esperanças e Consolações, foi desenvolvida na obra *O Céu e o Inferno ou a Justiça Divina segundo o Espiritismo,* uma obra de 1865.

Com isso, podemos afirmar que a **doutrina espírita é composta de cinco livros fundamentais,** porque a obra *O Livro dos Espíritos* foi dividida em quatro partes. Cada uma das quatro obras complementares é o desenvolvimento mais detalhado de cada uma das partes de *O Livro dos Espíritos.*

Passemos agora para o estudo da ordem didática da Primeira Parte de *O Livro dos Espíritos.* ■

III

CAPÍTULO

PARTE PRIMEIRA

Sobre a ordem didática da 1ª parte de *O Livro dos Espíritos*

III

CAPÍTULO

SOBRE A ORDEM DIDÁTICA DA 1ª PARTE DE *O LIVRO DOS ESPÍRITOS*

❝ *"Sendo Deus a causa primária de todas as coisas, a origem de tudo o que existe, a base sobre que repousa o edifício da criação, é também o ponto que importa consideremos antes de tudo."*[11] **❞**

---

26. Na primeira parte, Das causas primárias, Allan Kardec propõe quatro capítulos numa certa ordem. Como justificar a ordem proposta?

A primeira parte começa com a questão "O que é Deus?". O primeiro capítulo trata de Deus. *Deus é a inteligência suprema, a causa primária ou primeira de todas as coisas.*

---

11. A Gênese, Capítulo II, Existência de Deus.

Capítulo III

Segundo o Espiritismo, há no Universo três elementos fundamentais: Deus, espírito e matéria.

A causa primeira, Deus, dá origem aos dois elementos gerais do universo: o espírito e a matéria. O espírito é o princípio inteligente do universo.

> "A matéria é o laço que prende o espírito; é o instrumento que o serve e sobre o qual, ao mesmo tempo, exerce sua ação."[12]
>
> "Deus, espírito e matéria constituem o princípio de tudo o que existe, a trindade universal."[13]

27. A palavra *espírito* foi escrita por Kardec com a letra 'e' minúscula, nessa primeira parte da obra, com o significado dado acima de *"princípio inteligente do universo"*. Na segunda parte da obra, a partir da questão 76, a palavra *Espírito*, com a letra 'E' maiúscula, recebe o significado de *"os seres inteligentes da criação ou as individualidades dos seres extracorpóreos"*. Assim, o Espírito, com 'E' maiúscula, é a individualização do princípio inteligente (espírito com 'e' minúscula), constituindo um ser consciente, com senso moral e capacidade de pensar em Deus.

12. *O Livro dos Espíritos*, questão 22.

13. *O Livro dos Espíritos*, questão 27.

Sobre a ordem didática da 1ª parte de O Livro dos Espíritos

Com esses últimos conceitos é possível estabelecer uma diferença fundamental entre a individualização do princípio inteligente nos animais (a alma dos animais) e a individualização do princípio inteligente nos homens (a alma dos homens).

Os animais não possuem senso moral, nem a capacidade de pensar em Deus. Não são Espíritos, com 'E' maiúscula. Os animais são espíritos, com 'e' minúscula. Os homens, ou Espíritos, são submetidos ao processo de provas e expiações, os animais não. Os animais não têm senso moral. Não têm a liberdade de escolher entre o bem e o mal.

28. Assim, dos dois elementos gerais do universo, da união do espírito com a matéria, ou da interação recíproca do princípio inteligente com a matéria, surge toda a criação. A criação é o resultado da ação do espírito sobre matéria, consoante a vontade de Deus, segundo as leis de Deus.

De todas as criações divinas, a mais importante para o espírito é a dos seres vivos. Estes são os veículos de exteriorização do espírito, suas ferramentas de trabalho e progresso. Neles, o espírito vai atuar e desenvolver-se continuamente, até atingir a perfeição.

Agora podemos estabelecer a ordem dos capítulos da primeira parte de *O Livro dos Espíritos:* o primeiro capítulo intitula-se *'De*

Deus'; o segundo, *'Dos elementos gerais do Universo'*; o terceiro, *'Da Criação'*; e o quarto, *'Do Princípio vital'*. Nesse quarto capítulo, os seres vivos são investigados a partir da tese da existência de um "Princípio vital":

> "Princípio vital, o princípio da vida material e orgânica, qualquer que seja a fonte donde promane, princípio esse comum a todos os seres vivos, desde as plantas até o homem."[14]

Resumindo:

Deus, *"a causa primária de todas as coisas"*, dá origem **aos dois elementos gerais do universo:** espírito *("princípio inteligente do universo")* e matéria *("o intermediário com o auxílio do qual e sobre o qual atua o espírito")*.

Da ação do espírito sobre a matéria, segundo a vontade divina, surge a **criação.** Dentre todas as criações destaca-se a criação dos seres vivos, cuja vida *"é um efeito devido à ação de um agente (princípio vital) sobre a matéria"*. *"Esse agente, sem a matéria, não é vida, do mesmo modo que a matéria não pode viver sem esse agente."* (*O Livro dos Espíritos* itens, 1, 22, 23 e 63).

Esquematicamente:

---

14. A Gênese, Capítulo II, Existência de Deus.

Sobre a ordem didática da 1ª parte de O Livro dos Espíritos

PARTE PRIMEIRA:
DAS CAUSAS PRIMÁRIAS

1º CAPÍTULO: DE DEUS

2º CAPÍTULO: DOS ELEMENTOS GERAIS DO UNIVERSO

3º CAPÍTULO: DA CRIAÇÃO

4º CAPÍTULO: DO PRINCÍPIO VITAL

Capítulo III

29. Nessa primeira parte foram estabelecidos os três elementos fundamentais: Deus, espírito e matéria. Deus poderia ser o objeto de estudo do Espiritismo? A princípio, poderia. Mas, a dificuldade de se investigar Deus é insuperável. Deus não pode ser objeto de estudos de nenhuma ciência.

Ciente dessa dificuldade, Kardec interrogou aos Espíritos: *"Pode o homem compreender a natureza íntima de Deus?"*[15] A resposta justifica nossa incapacidade para investigar Deus:

"Não; falta-lhe para isso um sentido."

Tal resposta é explicada no segundo capítulo da obra A Gênese[16]:

"Não é dado ao homem sondar a natureza íntima de Deus. Para compreendê-lo, ainda nos falta o sentido próprio, que só se adquire por meio da completa depuração do Espírito."

Ou seja, a faculdade, ou o sentido que falta ao Espírito para compreender a natureza íntima de Deus só pode ser alcançado a partir

---

15. *O Livro dos Espíritos,* questão 10.

16. Allan Kardec. A Gênese, os milagres e as predições segundo o Espiritismo, capítulo II, item 8.

Sobre a ordem didática da 1ª parte de O Livro dos Espíritos

do momento em que ele sai do processo reencarnatório, de provas e expiações, e entra na fase de Espírito puro ou perfeito.

Até lá criaremos noções vagas, ideias sempre incompletas acerca da divindade. Somos quais cegos de nascença diante da luz: acreditamos que a luz existe, mas não podemos conhecê-la. Sabemos que Deus existe, mas não possuímos a faculdade própria para compreender a sua natureza íntima.

Para não deixar dúvidas, os Espíritos acrescentam:

> "Deus existe; disso não podeis duvidar e é o essencial. Crede-me, não vades além. Não vos percais num labirinto donde não lograríeis sair. Isso não vos tornaria melhores, antes um pouco mais orgulhosos, pois que acreditaríeis saber, quando na realidade nada saberíeis. Deixai, consequentemente, de lado todos esses sistemas; tendes bastantes coisas que vos tocam mais de perto, a começar por vós mesmos. Estudai as vossas próprias imperfeições, a fim de vos libertardes delas, o que será mais útil do que pretenderdes penetrar no que é impenetrável."[17]

---

17. O Livro dos Espíritos, questão 14.

Capítulo III

30. De tudo o que foi dito, podemos concluir que Deus não pode ser o objeto principal de estudo do Espiritismo. Se Deus não é o objeto principal, restariam o espírito ou a matéria.

Na introdução de *O Livro dos Espíritos*, que examinaremos mais tarde, Allan Kardec descarta que o objeto de estudo do Espiritismo pudesse ser a matéria, simplesmente porque o estudo da matéria é de competência das ciências ordinárias.

> "As ciências ordinárias assentam nas propriedades da matéria, que se pode experimentar e manipular livremente; os fenômenos espíritas repousam na ação de inteligências dotadas de vontade própria e que nos provam a cada instante não se acharem subordinadas aos nossos caprichos."[18]

Mais tarde, no item 16 do primeiro capítulo da obra A Gênese, Kardec acrescentará:

> "Assim como a Ciência propriamente dita tem por objeto o estudo das leis do princípio material, o objeto especial do Espiritismo é o conhecimento das leis

---

18. *O Livro dos Espíritos* Introdução, item VII.

do princípio espiritual. Ora, como este último princípio é uma das forças da natureza, a reagir incessantemente sobre o princípio material e reciprocamente, segue-se que o conhecimento de um não pode estar completo sem o conhecimento do outro. O Espiritismo e a Ciência se completam reciprocamente; a Ciência, sem o Espiritismo, se acha na impossibilidade de explicar certos fenômenos só pelas leis da matéria; ao Espiritismo, sem a Ciência, faltariam apoio e controle. O estudo das leis da matéria tinha que preceder o da espiritualidade, porque a matéria é que primeiro fere os sentidos. Se o Espiritismo tivesse vindo antes das descobertas científicas, teria abortado, como tudo quanto surge antes do tempo."

Resta, portanto, ao Espiritismo investigar o espírito, o princípio inteligente do universo. No estudo do espírito com 'e' minúscula, vai estar presente, como a sua componente mais importante, a investigação do Espírito, com 'E' maiúscula. Estes serão os objetos de estudo da segunda parte de *O Livro dos Espíritos*.

Vamos agora examinar a ordem didática da segunda parte de *O Livro dos Espíritos*. ■

IV

CAPÍTULO

PARTE SEGUNDA

Sobre a ordem didática da 2ª parte de *O Livro dos Espíritos*

Sobre a ordem didática da 2ª parte de O Livro dos Espíritos

IV

CAPÍTULO

SOBRE A ORDEM DIDÁTICA DA 2ª PARTE DE *O LIVRO DOS ESPÍRITOS*

" *"Os Espíritos estão por toda parte. Povoam infinitamente os espaços infinitos. Vós os tendes de contínuo a vosso lado, observando-vos e sobre vós atuando, sem o perceberdes, pois que os Espíritos são uma das potências da Natureza e os instrumentos de que Deus se serve para a execução de Seus designios providenciais."*[19] **"**

31. Nessa segunda parte, Kardec apresenta 11 capítulos, numa certa ordem. Analogamente

---

19. *O Livro dos Espíritos*, item 87.

Capítulo IV

ao que fizemos com a primeira parte, podemos indagar: como justificar a ordem proposta?

Se o objeto de estudo é o Espírito, o passo seguinte é apresentar o resultado das investigações acerca do Espírito.

Os estudos apresentados por Kardec sobre o Espírito, na segunda parte de *O Livro dos Espíritos* tocaram em todas as facetas da interação dos Espíritos com o mundo corporal. Nenhum dos aspectos fundamentais dessa interação foi esquecido.

Quais são esses aspectos fundamentais? Por que se pode considerar a segunda parte de *O Livro dos Espíritos* como o mais completo estudo acerca do Espírito e de suas relações com o mundo corporal? Eis as questões principais que abordaremos agora.

> "Os seres materiais constituem o mundo visível ou corpóreo, e os seres imateriais, o mundo invisível ou espírita, isto é, dos Espíritos". "Eles são independentes; contudo, é incessante a correlação entre ambos, porquanto um sobre o outro incessantemente reagem."[20]

O Espírito é o elemento fundamental dessa correlação; ele é o principal elemento comum,

---

20. *O Livro dos Espíritos* Introdução, item VI; 2ª parte, cap. I, item 86.

Sobre a ordem didática da 2ª parte de O Livro dos Espíritos

que atua nos dois mundos: espiritual e corporal.

32. Considere esses dois mundos, o corporal e o espiritual.

Como se poderia encontrar o seu elemento fundamental, o Espírito, atuando nesses dois mundos?

Se eu tenho dois mundos possíveis e o Espírito que pode participar de ambos, serei capaz de imaginar seis situações possíveis em que eu encontraria o Espírito nas suas relações com esses mundos.

A **primeira** situação estaria na passagem do mundo espiritual para o corporal. Poderia encontrar o Espírito em trânsito de um mundo para outro. Em trânsito do mundo espiritual para o mundo corporal, isso é, em processo de encarnação.

A **segunda** possibilidade, por simetria com a primeira, estaria no caminho inverso. O Espírito saindo do mundo corporal e retornando ao mundo espiritual, em trânsito do mundo corporal para o espiritual, ou seja, em processo de desencarnação ou morte corporal.

A **terceira** ocorreria quando ele estivesse somente vivendo no mundo espiritual, como Espírito. A vida do Espírito no mundo espiritual.

A **quarta**, por simetria com a terceira,

Capítulo IV

aconteceria quando o Espírito estivesse vivendo no mundo corporal, como Espírito encarnado. O que é o caso dos homens em estado de vigília. Nós, homens, somos Espíritos e estamos agora no mundo corporal.

Uma **quinta** situação possível seria o Espírito vivendo no mundo corporal e mesmo assim mantendo a interação com o espiritual. Ser capaz de interferir no mundo espiritual de alguma maneira, isso é, de interagir com ele em determinadas situações. Ou seja, estar no mundo corporal e, ao mesmo tempo, interferir no mundo espiritual. É o caso dos fenômenos de emancipação da alma e da vida do Espírito encarnado durante o sono do corpo.

A **sexta** situação possível, por simetria com a quinta, é o inverso: o Espírito estar no mundo espiritual e, ao mesmo tempo, interferir no mundo corporal. É o processo de intervenção dos Espíritos no mundo corporal.

33. Com isso, esgotamos as **seis** situações possíveis de se encontrar o Espírito. Se imaginarmos um Espírito qualquer, dentro desse contexto de interação entre os mundos corporal e espiritual, não há nenhuma situação possível que não esteja sendo tratada aqui. Podemos encontrar o Espírito em uma delas ou simultaneamente em uma ou mais delas, mas sempre dentro dessas seis possibilidades.

Pense num Espírito qualquer, Sócrates por

exemplo. Esse Espírito pode estar agora: 1) em processo de encarnação em algum mundo corporal, ou 2) em processo de desencarnação nesse mundo corporal, ou 3) já encarnado nesse mundo corporal, ou 4) vivendo no plano espiritual por não estar encarnado em nenhum mundo corporal, ou 5) em estado de sono ou de emancipação da alma nesse mundo corporal, ou 6) dando uma comunicação mediúnica ou ajudando algum encarnado num mundo corporal.

Ou seja, o Espírito Sócrates, considerado nesse exemplo, somente poderá ser encontrado em alguma dessas seis situações ou numa combinação de algumas dessas. Uma combinação possível de duas das situações poderia ser a seguinte: Sócrates poderia estar em processo de encarnação, mas como é um Espírito muito elevado, poderia também dar uma comunicação mediúnica.

Se você duvida que essas seis situações dão conta de todas as possibilidades, tente imaginar o Espírito em uma situação que não seja uma dessas seis ou uma combinação dessas.

As seis possibilidades esgotam todos os fenômenos possíveis envolvendo os Espíritos. Essa é a principal razão para afirmarmos que o estudo apresentado na segunda parte é um estudo completo sobre os Espíritos e suas relações com o mundo corporal.

Esquematicamente, a figura a seguir serve para ilustrar esses seis estados possíveis:

Capítulo IV

Sobre a ordem didática da 2ª parte de O Livro dos Espíritos

34. O que faremos agora é mostrar que esses seis estados, ou possibilidades de se encontrar o Espírito nas suas relações com os dois mundos corporal e espiritual, são investigados nos capítulos da segunda parte de *O Livro dos Espíritos*. Nessa parte, Kardec apresenta os seus estudos acerca dessas seis situações possíveis.

Sendo o Espírito o elemento fundamental da interação entre os dois mundos, o **primeiro** capítulo da segunda parte deve tratar dele. Por isso, intitula-se 'Dos Espíritos'. A partir da questão 76, que dá início ao primeiro capítulo, Allan Kardec começa a estudar o Espírito, caracterizando sua natureza, sua origem e sua classificação.

O **segundo** capítulo aborda o Espírito saindo do mundo espiritual para o mundo corporal; isto é, em processo de encarnação. Trata-se, portanto, da primeira das seis possibilidades anteriores. O título do segundo capítulo é 'Da encarnação dos Espíritos'. Nele, Allan Kardec estuda o trânsito ou a passagem do Espírito para o mundo corporal, o processo denominado de encarnação dos Espíritos. A ação do Espírito sobre o corpo em formação, desde a fecundação.

A seguir, o Espírito segue o caminho inverso. O **terceiro** capítulo trata da investigação do processo simétrico ao primeiro: a desencarnação - a segunda das seis possibilidades anteriores. Intitula-se 'Da volta do Espírito, extinta a vida corpórea, à vida espiritual'. Investiga o processo da morte, da desencarnação, do retorno ao mundo espiritual. A passagem do Espírito para o mundo espiritual durante a morte do corpo material.

35. Esses dois processos, encarnação e desencarnação, dão origem ao que se chama de pluralidade das existências: as nossas diversas vidas corporais. Consequentemente, o capítulo seguinte, o **quarto** capítulo, intitula-se *'Da pluralidade das existências'*. Neste capítulo, Allan Kardec vai formular uma das mais importantes leis naturais: *a Lei da Reencarnação.* A necessidade do Espírito voltar a viver no mundo corporal, várias vezes, até atingir o estado de Espírito puro.

Dada a importância dessa lei, como princípio básico do Espiritismo, era preciso apresentar a sua fundamentação. Para fazê-lo, Kardec formula o **quinto** capítulo, intitulado *'Considerações sobre a pluralidade das existências'.* Nele, é demonstrado que o princípio da reencarnação encontra apoio nos textos antigos, do velho e novo testamento, na análise racional e nos fatos.

Duas das seis situações possíveis foram até agora estudadas. No capítulo **sexto** é investigada a terceira situação possível: o Espírito vivendo no mundo espiritual. O

Sobre a ordem didática da 2ª parte de O Livro dos Espíritos

capítulo sexto intitula-se *'Da vida espírita'*. Nele, é estudado, com detalhes, como o Espírito vive no plano espiritual. Todo aquele que tiver o cuidado de examinar as questões desse capítulo, perceberá que lá se encontra o mais completo estudo acerca do plano espiritual, de acordo com os conhecimentos da ciência espírita.

No capítulo seguinte, o **sétimo**, encontramos a quarta possibilidade, o Espírito vivendo no mundo corporal. Intitula-se *'Da volta do Espírito à vida corporal'*, no qual se investiga a vida do Espírito no corpo. O que acontece quando vivemos num corpo: a perda de memória, a genialidade, a imbecilidade, enfim, as limitações que a vida corporal impõe ao Espírito.

Dando prosseguimento, vai ser investigada a quinta situação possível. Como o Espírito, vivendo no mundo corporal, é capaz de interagir sobre o mundo espiritual, no capítulo **oitavo**, intitulado *'Da emancipação da alma'*. Nele se estuda a capacidade que tem o Espírito encarnado, a alma, de interagir com o mundo espiritual: o sono, o sonho, a letargia, a catalepsia, a dupla vista, o êxtase etc...

A seguir, é investigada a sexta e última situação possível: o Espírito vivendo no mundo espiritual e interagindo com o mundo corporal. O capítulo **nono** intitula-se *'Da intervenção dos Espíritos no mundo corporal'*. É nesse capítulo que vamos encontrar a questão:

> "Influem os Espíritos em nossos pensamentos e em nossos atos?"Mais do que imaginais, pois com bastante frequência são eles que vos dirigem." [21]

Temas como a obsessão, a ação dos anjos guardiães, Espíritos protetores, familiares ou simpáticos, a influência dos Espíritos nos acontecimentos da vida, a ação dos Espíritos sobre os fenômenos da Natureza etc. serão ali abordados.

O **décimo** capítulo, *Das ocupações e missões dos Espíritos*, trata exatamente das ocupações e missões dos Espíritos nessas seis situações possíveis: na encarnação, na desencarnação, na vida no mundo espiritual, na vida no mundo corporal, na intervenção no mundo espiritual e na intervenção no mundo corporal.

36. Tratado do Espírito, nos dez primeiros capítulos, falta abordar, para completar o estudo

---

21. *O Livro dos Espíritos,* item 459.

Sobre a ordem didática da 2ª parte de O Livro dos Espíritos

do objeto principal do Espiritismo, o espírito, com letra 'e' minúscula. Kardec vai fazê-lo no último capítulo, o capítulo **onze**, *Dos três reinos*. Neste capítulo, é estudada a evolução do princípio inteligente, ou espírito, nos três reinos da criação:

> "Já não dissemos que tudo em a Natureza se encadeia e tende para a unidade? Nesses seres, cuja totalidade estais longe de conhecer, é que o princípio inteligente se elabora, se individualiza pouco a pouco e se ensaia para a vida, conforme acabamos de dizer. É, de certo modo, um trabalho preparatório, como o da germinação, por efeito do qual o princípio inteligente sofre uma transformação e se torna *Espírito*. Entra então no período da humanização, começando a ter consciência do seu futuro, capacidade de distinguir o bem do mal e a responsabilidade dos seus atos. Assim, à fase da infância se segue a da adolescência, vindo depois a da juventude e da madureza. Nessa origem, coisa alguma há de humilhante para o homem. Sentir-se-ão humilhados os grandes gênios por terem sido fetos informes nas entranhas que os geraram? Se alguma coisa há que lhe seja humilhante, é a sua inferioridade perante Deus e sua impotência para lhe sondar a profundeza dos desígnios e para apreciar a sabedoria das leis que regem

a harmonia do Universo. Reconhecei a grandeza de Deus nessa admirável harmonia, mediante a qual tudo é solidário na Natureza. Acreditar que Deus haja feito, seja o que for, sem um fim, e criado seres inteligentes sem futuro, fora blasfemar da Sua bondade, que se estende por sobre todas as suas criaturas."[22]

37. Os 11 capítulos acima, cuja ordem acabamos de justificar, constituem o mais completo tratado acerca do Espírito e suas relações com o mundo corporal. Os conhecimentos que foram estabelecidos nessa segunda parte do livro são o resultado de alguns anos de trabalho de Kardec, utilizando-se da experimentação mediúnica.

O Espírito, escolhido como o objeto de estudo do Espiritismo, sempre foi desprezado pelas ciências ordinárias. Sua investigação pertencia à filosofia, na chamada metafísica, e às religiões. O método de investigação era unicamente o da análise filosófica. A fonte de conhecimento era pura e simplesmente a razão especulativa.

Com Kardec, no entanto, o estudo do

---

22. *O Livro dos Espíritos,* item 607.

Espírito se utiliza do método experimental. O conhecimento acerca do Espírito já não é mais o resultado da pura especulação filosófica, nasce como consequência da experimentação mediúnica. A mediunidade é o laboratório. Surge uma nova ciência: o Espiritismo

O Espiritismo, diz Kardec:

> "Não estabeleceu nenhuma teoria preconcebida; assim, não apresentou como hipóteses a existência e a intervenção dos Espíritos, nem o perispírito, nem a reencarnação, nem qualquer dos princípios da doutrina; concluiu pela existência dos Espíritos, quando essa existência ressaltou evidente da observação dos fatos, procedendo de igual maneira quanto aos outros princípios. Não foram os fatos que vieram a posteriori confirmar a teoria: a teoria é que veio subsequentemente explicar e resumir os fatos. É, pois, rigorosamente exato dizer-se que o Espiritismo é uma ciência de observação e não produto da imaginação. As ciências só fizeram progressos importantes depois que seus estudos se basearam sobre o método experimental; até então, acreditou-se que

Capítulo IV

esse método também só era aplicável à matéria, ao passo que o é também às coisas metafísicas."[23]

Kardec nos dá um exemplo de como a experimentação mediúnica é usada como fonte de conhecimento:

"Passa-se no mundo dos Espíritos um fato muito singular, de que seguramente ninguém houvera suspeitado: o de haver Espíritos que se não consideram mortos. Pois bem, os Espíritos superiores, que conhecem perfeitamente esse fato, não vieram dizer antecipadamente: «Há Espíritos que julgam viver ainda a vida terrestre, que conservam seus gostos, costumes e instintos». Provocaram a manifestação de Espíritos desta categoria para que os observássemos. Tendo-se visto Espíritos incertos quanto ao seu estado, ou afirmando ainda serem deste mundo, julgando-se aplicados às suas ocupações ordinárias, deduziu-se a regra. A multiplicidade de fatos análogos demonstrou que o caso não era excepcional, que constituía uma das

---

23. A Gênese, cap. I, item 14.

fases da vida espírita; pode-se então estudar todas as variedades e as causas de tão singular ilusão, reconhecer que tal situação é sobretudo própria de Espíritos pouco adiantados moralmente e peculiar a certos gêneros de morte; que é temporária, podendo, todavia, durar semanas, meses e anos. Foi assim que a teoria nasceu da observação. O mesmo se deu com relação a todos os outros princípios da doutrina."[24]

38. O Espiritismo é uma doutrina científica e filosófica e o seu verdadeiro caráter foi estabelecido por Kardec no primeiro capítulo da obra *A Gênese:* é uma doutrina divina e científica. Nesse primeiro capítulo estabelece o caráter das chamadas três revelações: Moisés, Jesus e Espiritismo.

A revelação de Moisés tem o duplo caráter: é uma revelação divina e humana. Como revelação divina, estabeleceu a ideia de um Deus único e propôs os dez mandamentos. Seu caráter humano está presente na legislação social que estabeleceu, adequada apenas para a sua época.

Quando fala da revelação trazida por Jesus,

---

24. *A Gênese - Capítulo I - Caráter da revelação espírita, item 15.*

Capítulo IV

Allan Kardec vai caracterizá-la como uma revelação exclusivamente divina. A proposta de Jesus é a expressão da verdade que podemos alcançar.

A revelação espírita é ao mesmo tempo divina e científica. Como justificativa para esse duplo caráter, afirmou, no item 13, do primeiro capítulo da obra *A Gênese:*

> "...Participa da primeira, porque foi providencial o seu aparecimento e não o resultado da iniciativa, nem de um desígnio premeditado do homem; porque os pontos fundamentais da doutrina provêm do ensino que deram os Espíritos encarregados por Deus de esclarecer os homens acerca de coisas que eles ignoravam, que não podiam aprender por si mesmos e que lhes importa conhecer, hoje que estão aptos a compreendê-las. Participa da segunda, por não ser esse ensino privilégio de indivíduo algum, mas ministrado a todos do mesmo modo; por não serem os que o transmitem e os que o recebem seres passivos, dispensados do trabalho da observação e da pesquisa, por não renunciarem ao raciocínio e ao livre-arbítrio; porque não lhes é interdito o exame, mas, ao contrário, recomendado;

enfim, porque a doutrina não foi ditada completa, nem imposta à crença cega; porque é deduzida, pelo trabalho do homem, da observação dos fatos que os Espíritos lhe põem sob os olhos e das instruções que lhe dão, instruções que ele estuda, comenta, compara, a fim de tirar ele próprio as ilações e aplicações. Numa palavra, o que caracteriza a revelação espírita é o ser divina a sua origem e da iniciativa dos Espíritos, sendo a sua elaboração fruto do trabalho do homem."

39. Em meados do século XIX, os fenômenos espíritas se intensificaram como jamais havia ocorrido em toda a história da humanidade, malgrado a descrença dos homens. Era chegada a hora:

"São chegados os tempos em que todas as coisas hão de ser restabelecidas no seu verdadeiro sentido, para dissipar as trevas, confundir os orgulhosos e glorificar os justos", como está escrito no prefácio de O Evangelho Segundo o Espiritismo".

Uma revelação divina, como o Espiritismo, não nasceu da cabeça de nenhum homem; surgiu por uma determinação superior. Os pontos fundamentais da doutrina espírita nos

Capítulo IV

foram dados, propostos pelos Espíritos. Eis uma diferença importante entre o Espiritismo e uma doutrina exclusivamente científica: uma ciência é uma construção exclusivamente humana. Uma ciência, afirmou Einstein, *"é uma livre criação da mente humana."*

Ninguém pensou nos Espíritos para explicar os novos fenômenos. Os próprios Espíritos é que propuseram a explicação quando disseram, desde as primeiras manifestações: *somos os Espíritos, as almas dos que morreram.*

A existência e a sobrevivência da alma humana, suas diversas existências corporais, sua capacidade de comunicar-se com e por meio dos homens, a existência de um Deus único, as penas e recompensas futuras são alguns dos ensinamentos que nos foram transmitidos pelos Espíritos. Não nasceram da cabeça de Kardec ou de qualquer outra pessoa. Por isso, podemos afirmar que esses ensinamentos jamais serão alterados, constituem revelação divina. Por mais que a ciência avance, que a filosofia se desenvolva, nunca esses pontos fundamentais deixarão de ser verdadeiros.

Como uma revelação científica, o Espiritismo não foi apresentado a um único indivíduo, ele tem um caráter universal. O

Sobre a ordem didática da 2ª parte de O Livro dos Espíritos

conhecimento espírita surgiu em toda parte. Como conhecimento científico, ele não é privilégio de um único indivíduo.

Não é uma doutrina imposta à crença cega, mas exige de todos o exame permanente. Kardec jamais deixou de examinar qualquer informação transmitida pelos Espíritos. Submetia todas elas ao crivo da razão e da confirmação experimental. Devemos fazer o mesmo. Nunca aceitar, sem o devido exame, o que venha dos Espíritos ou seja proposto pelos homens.

Examinaremos no próximo capítulo a ordem da terceira parte de *O Livro dos Espíritos*. ■

V

CAPÍTULO

PARTE TERCEIRA

Sobre a ordem didática da 3ª parte de *O Livro dos Espíritos*

Sobre a ordem didática da 3ª parte de O Livro dos Espíritos

V

CAPÍTULO

SOBRE A ORDEM DIDÁTICA DA 3ª PARTE DE *O LIVRO DOS ESPÍRITOS*

" *"Amarás a Deus de toda a tua alma e a teu próximo como a ti mesmo; toda a lei e os profetas se acham contidos nesses dois mandamentos."*[25] **"**

---

40. A terceira parte de *O Livro dos Espíritos* é composta de 12 capítulos e intitula-se 'Das Leis Morais'. Antes de falar sobre a sua ordem didática, cabe explicar o conceito de lei moral apresentado por Kardec.

---

25. O Evangelho Segundo o Espiritismo, cap. XV, item 5.

Capítulo V

Kardec divide as leis de Deus, leis divinas ou naturais, em dois grandes grupos: leis físicas e leis morais[26]:

"Entre as leis divinas, umas regulam o movimento e as relações da matéria bruta: as leis físicas, cujo estudo pertence ao domínio da Ciência.

As outras dizem respeito especialmente ao homem considerado em si mesmo e nas suas relações com Deus e com seus semelhantes. Contém as regras da vida do corpo, bem como as da vida da alma: são as leis morais."

As leis morais são, portanto, leis que prescrevem como o homem, ou Espírito, deve ou não proceder. Dizem respeito à conduta, ao comportamento dos Espíritos. Não são leis "físicas" sobre os Espíritos. Nem mesmo sobre o seu corpo espiritual, ou perispírito. Nem ainda sobre os "fluidos" que compõe o mundo dos Espíritos.

Embora digam respeito apenas à moral, as leis morais não são regras abstratas de conduta que não tenham implicações sobre a natureza

---

26. Comentário de Kardec ao item 617, *O Livro dos Espíritos*.

fluídica dos Espíritos. Sabemos que a natureza do perispírito guarda relação direta com o progresso moral do Espírito.

Como o perispírito é o veículo de interação dos Espíritos sobre a matéria, o instrumento de percepção e ação dos Espíritos sobre os mundos material e espiritual, sua natureza determina limites e possibilidades aos Espíritos.

A capacidade de visão à distância, de locomoção para outros mundos, de percepção de outros Espíritos, de manipulação dos fluidos espirituais, de ação sobre outros Espíritos, de conhecer o passado e o futuro, de conhecer a própria natureza do Espírito e dos fluidos espirituais, de conhecer a natureza de Deus, enfim, todos os recursos e faculdades dos Espíritos dependem do progresso moral alcançado.

A moral é, portanto, muito mais importante do que pode parecer à primeira vista. Pela primeira vez na história da humanidade, a moral é apresentada com tanta força. É a condição única e verdadeira para a felicidade dos Espíritos. Não há outro caminho.

41. Examinando a 3ª parte de *O Livro dos Espíritos*, podemos dividi-la em três grupos de capítulos.

Capítulo V

No **primeiro grupo**, trata-se de apresentar resposta à questão: "O que é lei natural?

O primeiro capítulo, *Da lei divina ou natural,* fornece resposta a essa questão, explicando os conceitos de lei natural e de lei moral.

No **segundo grupo,** trata-se de responder à questão: "Quais são as leis morais?".

A resposta é apresentada nos dez capítulos seguintes, do 2º ao 11º capítulo, com a formulação das dez leis morais.

No **terceiro grupo,** trata-se de responder à questão; "Como praticar as leis morais?" O que o homem deve conhecer sobre si mesmo para melhor praticar as leis morais?

O 12º capítulo, *Da perfeição moral,* fornece os elementos essenciais para o auto-conhecimento e a prática das leis morais.

Esquematicamente teremos:

Sobre a ordem didática da 3ª parte de O Livro dos Espíritos

PARTE TERCEIRA: DAS LEIS MORAIS

PRIMEIRO GRUPO
O QUE É LEI NATURAL? O QUE É LEI MORAL?

1º Capítulo - Da Lei Divina ou Natural

SEGUNDO GRUPO
QUAIS SÃO AS LEIS MORAIS?

2º Capítulo - Da Lei de Adoração
3º Capítulo - Da Lei do Trabalho
4º Capítulo - Da Lei de Reprodução
5º Capítulo - Da Lei de Conservação
6º Capítulo - Da Lei de Destruição
7º Capítulo - Da Lei de Sociedade
8º Capítulo - Da Lei de Progresso
9º Capítulo - Da Lei de Igualdade
10º Capítulo - Da Lei de Liberdade
11º Capítulo - Da Lei de Justiça,
de Amor e de Caridade

TERCEIRO GRUPO
COMO PRATICAR AS LEIS MORAIS?

12º Capítulo - Da Perfeição Moral

Capítulo V

42. As dez leis morais foram apresentadas numa certa ordem. Como justificar a ordem proposta?

A partir do texto de Kardec transcrito acima, sobre o conceito de lei moral, podemos dividir as leis morais em três partes: os deveres do homem para com Deus, os deveres do homem para consigo mesmo e os deveres do homem para com o próximo.

A mesma divisão ternária encontra-se em *O Evangelho Segundo o Espiritismo,* no capítulo XXVIII, *Preces Espíritas,* item I, ao tratar da *Oração dominical:*

> "Com efeito, sob a mais singela forma, ela [a oração dominical] resume todos os deveres do homem para com Deus, para consigo mesmo e para com o próximo.".

Podemos encontrá-la também no evangelho de Mateus, cap. XII, vv. 34 a 40:

> "Os fariseus, tendo sabido que ele tapara a boca dos saduceus, reuniram-se; e um deles, que era doutor da lei, para o tentar, propôs-lhe esta questão: - "Mestre, qual o mandamento maior da lei?" - Jesus respondeu: "Amarás o Senhor teu Deus de todo o teu coração, de toda a tua alma e de todo o teu espírito; este o maior e o primeiro mandamento. E aqui tendes o segundo, semelhante a esse: Amarás o teu próximo, como a ti mesmo. - Toda a lei e os profetas se acham contidos nesses dois mandamentos."

A ordem proposta para as leis morais é a seguinte:

1) primeiro, os deveres do homem para com Deus;
2) segundo, os deveres do homem para consigo mesmo; e
3) por último, os deveres dos homem para com o seu próximo.

O amor a Deus e a si mesmo são os fundamentos para o verdadeiro amor ao próximo.

Esquematicamente podemos distribuir as dez leis morais nos três grupos de deveres:

AS LEIS MORAIS

Estabelecem todos os deveres do homem: para com Deus, para consigo mesmo e para com o próximo.

Capítulo V

43. Vamos distribuir as dez leis morais propostas por Kardec dentro destes três grupos de deveres: deveres para com Deus, para consigo mesmo e para com o próximo.

A distribuição que vou propor nada tem de absoluta. Pode-se propor uma distribuição diferente das dez leis dentro dos três grupos de deveres. Por exemplo, pode ser que alguém queira colocar a Lei do Trabalho dentro dos deveres do homem para com o seu próximo e tenha lá as suas razões. Na verdade, o que importa mais é saber que as leis propostas dão conta de todos os deveres do homem.

O mesmo pode ser dito da escolha de Kardec das dez leis morais. As leis morais poderiam ser estabelecidas em um número diferente de leis, não há nada de absoluto no número de dez leis. Essa escolha do número dez é histórica, liga-se aos dez mandamentos estabelecidos por Moisés. O item 648 de *O Livro dos Espíritos* deixa isso claro quando afirma que as dez leis podem ser substituídas por uma única lei.

Vejamos agora nossa proposta de distribuição das dez leis morais.

Os deveres do homem, na sua relação com Deus, são estabelecidos nas duas primeiras leis morais: *lei de adoração* (capítulo II) e *lei do trabalho* (capítulo III).

Por meio da adoração, *"elevação do pensamento a Deus"*, e do trabalho, *"toda ocupação útil"*, o homem aproxima-se de Deus. Da adoração, de certa forma, decorre o trabalho, já que *"Deus, modelo de amor e caridade, nunca esteve inativo"*. (*O Livro dos Espíritos* pergs. 649, 675 e 21, respectivamente):

> "Deus quer que o homem pense Nele, mas não quer que só Nele pense, pois que lhe impôs deveres a cumprir na Terra." *O Livro dos Espíritos*, 657).

A adoração a Deus não é uma decisão de fé dogmática, mas uma decisão de fé raciocinada. Uma decisão de homem inteligente, que busca consultar aquele que é "a inteligência suprema". Não há sabedoria maior do que a de ouvir aquele que mais sabe e que tudo pode.

> "Em tudo o que fizerdes, remontai à Fonte de todas as coisas, para que nenhuma de vossas ações deixe de ser purificada e santificada pela lembrança de Deus."[27]

Ao buscar pela prece a comunicação com Deus, entramos em sintonia com os Espíritos Superiores, que virão em nosso auxílio. Todos temos os nossos Espíritos protetores ou anjos guardiães que nos atendem, sempre que

---

27. O Evangelho Segundo o Espiritismo, cap. XVII, item 10.

Capítulo V

elevamos o nosso pensamento a Deus visando ao nosso aperfeiçoamento moral. Essa é a missão deles:

> "Não vos parece grandemente consoladora a ideia de terdes sempre junto de vós seres que vos são superiores, prontos sempre a vos aconselhar e amparar, a vos ajudar na ascensão da abrupta montanha do bem; mais sinceros e dedicados amigos do que todos os que mais intimamente se vos liguem na Terra? Eles se acham ao vosso lado por ordem de Deus. Foi Deus quem aí os colocou e, aí permanecendo por amor de Deus, desempenham bela, porém penosa missão. Sim, onde quer que estejais, estarão convosco. Nem nos cárceres, nem nos hospitais, nem nos lugares de devassidão, nem na solidão, estais separados desses amigos a quem não podeis ver, mas cujo brando influxo vossa alma sente, ao mesmo tempo que lhes ouve os ponderados conselhos."[28]

44. Os deveres do homem para consigo mesmo são estabelecidos nas três leis seguintes: *Lei de reprodução, Lei de conservação e Lei de destruição* (capítulos IV, V e VI, respectivamente).

Pela reprodução o homem dá origem à vida corporal na Terra. O seu primeiro dever

---

28. *O Livro dos Espíritos,* item 495.

Sobre a ordem didática da 3ª parte de O Livro dos Espíritos

para consigo mesmo, enquanto ser vivo, deve ser o de garantir a continuidade da vida no mundo corporal, mundo este indispensável ao progresso dos espíritos.

"Os Espíritos não ocupam perpetuamente a mesma ordem. Todos se melhoram passando pelos diferentes graus da hierarquia espírita. Essa melhora se efetua por meio da encarnação, que é imposta a uns como expiação, a outros como missão. A vida material é uma prova que lhes cumpre sofrer repetidamente, até que hajam atingido a absoluta perfeição; é uma espécie de filtro ou depurador de onde saem mais ou menos purificados." (*O Livro dos Espíritos*, Introdução, item VI).

Depois de dar origem à vida pela reprodução, o homem, Espírito encarnado, deve manter a própria vida, pela sua conservação. A conservação é necessária para garantir a saúde e a qualidade do seu corpo material, instrumento de que o Espírito se serve em seu processo evolutivo.

"Porque todos têm que concorrer para o cumprimento dos desígnios da Providência. Por isso foi que Deus lhes deu a necessidade de viver. Acresce que a vida é necessária ao aperfeiçoamento dos seres. Eles o sentem

instintivamente, sem disso se aperceberem."
(*O Livro dos Espíritos*. Item 703).

Da conservação da vida decorre, em certo sentido, a própria destruição. Todo ser vivo só se mantém às custas de outros seres vivos. Vida e morte são como as duas faces de uma mesma moeda. Uma não é possível sem a outra. O homem deve buscar o ponto de equilíbrio nesse processo inevitável de conservação com destruição. Destruir o mínimo possível, para garantir a continuidade da vida na Terra.

> "Para se alimentarem, os seres vivos reciprocamente se destroem, destruição esta que obedece a um duplo fim: manutenção do equilíbrio na reprodução, que poderia tornar-se excessiva, e utilização dos despojos do envoltório exterior que sofre a destruição. Esse envoltório é simples acessório e não a parte essencial do ser pensante. A parte essencial é o princípio inteligente, que não se pode destruir e se elabora nas metamorfoses diversas por que passa." (*O Livro dos Espíritos*. 728 a).

Nenhuma vida no mundo corporal escapa desse processo aparentemente contraditório de vida com morte. Como se a Natureza quisesse lembrar ao Espírito que a vida verdadeira ou definitiva não é a vida corporal, mas a vida espiritual. Toda

Sobre a ordem didática da 3ª parte de O Livro dos Espíritos

vida corporal é sempre provisória. Somente o Espírito, quando atingir a ordem dos Espíritos puros, estará completamente livre do processo reencarnatório. Não necessitando mais habitar mundos de natureza material.

45. Os deveres do homem para com o seu próximo são estabelecidos nas *Leis de sociedade* (capítulo VII), do progresso (capítulo VIII), *de igualdade* (capítulo IX) e *de liberdade* (capítulo X).

A história da humanidade nos demonstra que todo o progresso humano, na filosofia, nas artes, nas ciências e nas tecnologias resulta da vida em sociedade. Quanto mais a sociedade se organiza e busca formas mais justas de desenvolvimento social, melhor ela progride em todas as áreas. A vida em sociedade torna possível o progresso humano por permitir a interação profícua entre todos os homens. Toda ciência e toda tecnologia são produtos sociais que nascem e crescem nas interações humanas.

Por outro lado, como acontece nas organizações verdadeiramente democráticas e liberais, quanto mais a sociedade progride, melhor compreende, para a sua própria sobrevivência, a necessidade da igualdade de todos os homens. Tanto no sentido moral, de equidade, quanto no sentido jurídico, de igualdade perante as leis. Mas, para que a

Capítulo V

igualdade de todos possa acontecer, respeitando as diferenças intrínsecas de cada indivíduo, a liberdade deve ser conquistada e mantida. Só a liberdade permite a coexistência pacífica da igualdade com a justiça que dá a cada um segundo as suas obras.

Assim, podemos afirmar que da vida em sociedade, onde a fraternidade pode estabelecer-se, decorre o progresso. O progresso da sociedade somente poderá ser mantido e sustentado com a igualdade e a liberdade de todos, consequências naturais do progresso social alcançado. Ao mesmo tempo em que geram a igualdade e a liberdade, a vida em sociedade e o progresso necessitam de ambas, como garantia de equilíbrio e sustentação.

> "Considerada do ponto de vista da sua importância para a realização da felicidade social, a fraternidade está na primeira linha: é a base. Sem ela não poderiam existir a igualdade nem a liberdade séria. A igualdade decorre da fraternidade e a liberdade é consequência das duas outras." [29]

46. As nove leis morais estabelecidas por Kardec — Adoração, Trabalho, Reprodução, Conservação, Destruição, Sociedade, Progresso, Igualdade e Liberdade — resumem todos os

---

29. KARDEC, Allan. Liberdade, igualdade e fraternidade, 3º parágrafo. Obras Póstumas.

deveres do homem para com Deus, para consigo mesmo e para com o seu próximo. A décima e última lei moral, *Da lei de justiça, de amor e de caridade (cap. XI)*, resume todas as outras.

Deus, por amor, criou o homem e este, para bem viver com o seu próximo, deve praticar a caridade.

> "Essa divisão da lei de Deus em dez partes é a de Moisés e de natureza a abranger todas as circunstâncias da vida, o que é essencial. Podes, pois, adotá-la, sem que, por isso, tenha qualquer coisa de absoluta, como não o tem nenhum dos outros sistemas de classificação, que todos dependem do prisma pelo qual se considere o que quer que seja. A última lei é a mais importante, por ser a que faculta ao homem adiantar-se mais na vida espiritual, visto que resume todas as outras."[30]

47. Justiça, amor e caridade são três virtudes fundamentais na moral Espírita. Vamos examinar de perto cada uma delas.

A JUSTIÇA

O que é justiça? A virtude que consiste no respeito aos direitos de cada um. A que respeita a igualdade de todos (os direitos dos indivíduos), justiça no sentido moral. A que

---

30. *O Livro dos Espíritos,* item 648.

Capítulo V

respeita a legalidade (o direito da Cidade), justiça no sentido jurídico.

O que determina esses direitos?

> "Duas coisas: a lei humana e a lei natural. Tendo os homens formulado leis apropriadas a seus costumes e caracteres, elas estabeleceram direitos que podem ter variado com o progresso das luzes. Vede se hoje as vossas leis, sem serem perfeitas, consagram os mesmos direitos que as da Idade Média. Entretanto, esses direitos antiquados, que agora se vos afiguram monstruosos, pareciam justos e naturais naquela época. Nem sempre, pois, é acorde com a justiça o direito que os homens estabelecem. Ademais, este direito regula apenas algumas relações sociais, quando é certo que, na vida particular, há uma imensidade de atos unicamente da alçada do tribunal da consciência."[31]

Nem sempre a justiça no sentido jurídico é justa no sentido moral. Nossas leis sociais nem sempre estão de acordo com o sentimento de justiça que nutrimos. Por isso, para o homem na Terra, onde predominam os Espíritos imperfeitos, a justiça está sempre por fazer e refazer, sempre por defender ou por conquistar.

---

31. *O Livro dos Espíritos,* item 875 a.

A justiça de Deus se faz sempre. A dos homens exige, como toda virtude, o esforço permanente para a sua realização efetiva. É preciso lutar sempre para que essas duas justiças andem juntas. Para que a lei humana seja a mesma para todos e aplicada com equidade, segundo a justiça divina.

Não é porque Deus é justo que a justiça humana não dependa de nós. Seria confundir a justiça divina com a humana, ou confundir Deus, sempre justo, com o homem, às vezes justo. Ninguém escapa da justiça divina. Mas isso, obviamente, não significa que tudo o que fazemos seja justo ou correto.

A justiça divina sempre se cumpre, na vida corporal ou espiritual, mesmo quando o homem é injusto. Como isso é possível? Como o homem agindo injustamente não altera a justiça divina?

É que a justiça divina se aplica em todas as vidas dos Espíritos, antes e depois da vida atual. O que pode parecer injusto hoje, fruto de uma ação humana injusta, se compreenderá justo amanhã, quando tivermos acesso ao passado de cada um, às suas escolhas e necessidades de progresso.

Nossa ignorância quanto à justiça divina em dada circunstância, nunca poderá nos servir de desculpa para uma ação injusta. Se não estamos percebendo a justiça divina acontecendo, mais uma razão para sermos justos. Quem julga

Capítulo V

que a justiça não está acontecendo deve ser o primeiro a praticá-la, naquilo que dele depende. Pois, se a justiça humana já estivesse acontecendo, não precisaríamos lutar por ela. Diante de uma injustiça, a necessidade do justo se torna ainda mais premente. É porque a justiça humana não existe que ela precisa ser conquistada e defendida.

A justiça de Deus é por ele aplicada. A nossa, depende de nós: de cada um, em sua vida privada, e de todos, na vida pública.

No presente, cabe a cada um viver justamente, na certeza de que a justiça divina cuidará de todos. Ser justo, para que a justiça divina possa levar isso em consideração, é o primeiro dever daqueles que almejam a felicidade para todos. Nenhuma injustiça humana passará impune, isto é, livre das suas consequências dolorosas.

Como não se enganar na prática da justiça? Que critério utilizar para saber quais são os direitos que devo respeitar?

O egoísmo humano é uma realidade no mundo em que vivemos. Não se poderá ignorá-lo, ao se estabelecer algum critério de justiça. O egoísmo faz com que o homem pense primeiramente em si mesmo.

Para se fazer a distribuição equitativa dos direitos entre os homens, é necessário um critério de justiça que leve em consideração os interesses egoístas dos indivíduos. Caso

Sobre a ordem didática da 3ª parte de O Livro dos Espíritos

contrário, o critério seria utópico.

Jesus forneceu o critério que precisamos. Simples, prático e que leva em consideração o egoísmo humano. Os direitos que considero justos para mim, estes são os direitos que devo considerar justos para o próximo. Tomar a si mesmo como referencia para se estabelecer os direitos do próximo é o melhor critério. Isto é:

> "Disse o Cristo: Queira cada um para os outros o que quereria para si mesmo. No coração do homem imprimiu Deus a regra da verdadeira justiça, fazendo que cada um deseje ver respeitados os seus direitos. Na incerteza de como deva proceder com o seu semelhante, em dada circunstância, trate o homem de saber como quereria que com ele procedessem, em circunstância idêntica. Guia mais seguro do que a própria consciência não lhe podia Deus haver dado."[32]

A justiça é a virtude que está presente em todas as virtudes. Nenhuma virtude pode ser uma virtude injusta. O que seria uma coragem injusta? Uma bondade injusta? Ou uma caridade injusta?

Não há virtude sem justiça. Ninguém é virtuoso sem ser justo. A justiça basta por si mesmo? Não.

---

32. *O Livro dos Espíritos,* item 876.

Certamente a justiça é o maior e o primeiro de todos os deveres. Só devo me impor o que é justo. Mas, não é a mais elevada das virtudes. Como o grande filósofo grego Aristóteles já havia percebido, a amizade (um tipo de amor) é ainda maior que a justiça:

> "Amigos, não temos que nos preocupar com a justiça; justos, ainda necessitamos da amizade."[33]

Assim, precisamos evoluir da virtude da justiça para o amor.

O AMOR

48. O que é o amor? É o sentimento mais elevado ou o sentimento por excelência. Aquele que, se cultivado em toda a sua expressão, nos dispensaria de toda moral, de todo dever. Moral e deveres são caminhos para o amor. Uma vez que nele cheguemos, os meios não são mais necessários. Comandado por esse mais elevado sentimento, o indivíduo seria, a exemplo de Jesus, o mais completo modelo de virtude e de moral. Ele estaria além e acima de toda moral. Todas as virtudes estariam presentes nesse sol interior "que reúne em seu ardente foco todas as aspirações e

---

33. Ética a Nicômaco, VIII, 1.

Sobre a ordem didática da 3ª parte de O Livro dos Espíritos

todas as revelações sobre-humanas".[34]

O amor basta a si mesmo, pois resume toda a doutrina moral de Jesus. Estamos falando do amor cultivado pelos Espíritos Superiores, ainda muito distante da nossa vida de Espíritos imperfeitos. Nosso amor, quando muito, abarca apenas o círculo íntimo de alguns parentes e amigos, permanecendo indiferente aos demais homens. Para cultivarmos o amor, no sentido de Jesus, temos que amar, passo a passo, a todos os homens indistintamente. Até lá, precisamos da moral e das virtudes para que aprendamos a cultivar, dia após dia, esse sentimento divino.

A caminhada é longa e difícil. O caminho da moral e das virtudes exige o esforço permanente para vencer as más tendências, para enfrentar o egoísmo e o orgulho que nos dominam.

Somos carentes de amor, pois somos carentes de moral e de virtudes. Os Espíritos Imperfeitos só chegarão ao amor pelo dever e pelas virtudes. Não que o amor possa ser comandado, pois é ele que comanda. Sem mudar a nossa natureza moral, nossos sentimentos permanecem aprisionados e limitados por nossos vícios morais. Precisamos da moral e das virtudes, como ferramentas para a transformação de nosso mundo interior. No cumprimento dos deveres que a moral espírita

---

34. O Evangelho Segundo o Espiritismo, cap. XI, item 8.

Capítulo V

nos recomenda elevamos nossos sentimentos e dominamos nossas paixões, abrindo espaço para o crescimento do amor.

É nesse esforço de mudar a própria natureza interior que aprendemos a cultivar o verdadeiro amor. É por isso que precisamos com urgência da caridade. A caridade, como veremos a seguir, é a mais poderosa ferramenta de transformação interior.

CARIDADE

49. Sobre a caridade afirma Kardec:

"Amar o próximo como a si mesmo: fazer pelos outros o que quereríamos que os outros fizessem por nós", é a expressão mais completa da caridade, porque resume todos os deveres do homem para com o próximo."[35]

Por que a caridade resume todos os deveres do homem para com o próximo?

No item 886 de *O Livro dos Espíritos* lemos:

"886. Qual o verdadeiro sentido da palavra caridade, como a entendia Jesus?
"Benevolência para com todos, indulgência para as imperfeições dos outros, perdão das ofensas."

---

35. Evangelho Segundo o Espiritismo, cap. XI, item 4.

Sobre a ordem didática da 3ª parte de O Livro dos Espíritos

Por que as três virtudes, benevolência, indulgência e perdão, formam o verdadeiro sentido da palavra caridade?

Vamos responder a essas duas questões.

50. O Homem pode ser analisado como um indivíduo essencialmente constituído de três faculdades irredutíveis entre si: a faculdade de pensar, a de sentir e a de querer[36]. Ordinariamente, a referência a essas três faculdades é feita utilizando as expressões *razão, sentimento* e *vontade*[37].

O *pensar* e o *querer* são as faculdades ativas do homem, o *sentir* é a faculdade passiva. Nesse sentido, podemos dizer que o *pensar* e o *querer* partem do homem, dependem diretamente de sua vontade. O *sentir* acontece nele, não depende de sua vontade. A passividade da faculdade *sentir* é uma decorrência do fato de que o homem simplesmente se percebe *"sentindo"*.

Podemos caracterizar a atividade e a passividade dessas faculdades pelas expressões 'exercer uma ação' e 'receber uma ação'. Quando o homem pensa, ou quer, exerce uma ação,

---

36. René Descartes, em seu livro Paixões da Alma, apresenta essas três faculdades da alma.

37. Descartes utiliza as expressões 'pensamento', 'percepção' e 'vontade'.

Capítulo V

quando sente, recebe uma ação.

Por meio da razão, o homem raciocina, argumenta, representa, imagina, idealiza, calcula, julga etc. A ciência, a matemática e a filosofia são seus frutos mais importantes.

Pela vontade, o homem age, decide, realiza, executa uma ação etc., transformando o mundo e a sociedade continuamente.

Nesse reino da vontade, o homem encontra o dever. O dever é a obrigação moral do homem para consigo mesmo e para com o seu semelhante. Com ele nos deparamos nas mais diversas situações da vida, desde às mais ínfimas, como nos atos mais elevados. Como suas mais importantes realizações, temos a ética, a moral, o direito e a política.

Com o *sentir*, o homem percebe e recebe as impressões do mundo à sua volta e as do seu próprio mundo interior. As sensações físicas, as emoções ou sentimentos são algumas das formas de ser desta faculdade notável. Dela nascem as artes e a estética, a música e a poesia.

Associados a essas três faculdades temos os mais importantes valores da cultura humana: a verdade, a beleza e a bondade.

As ciências e a filosofia investigam a verdade. A estética e as artes cultuam a beleza. A ética e a política visam ao bem. A história da nossa cultura reflete uma incansável busca desses valores.

51. No relacionamento do homem com o seu próximo, entram em cena essas três faculdades.

Por intermédio da vontade, o homem age, pratica uma ação para com o seu semelhante.

Por meio do razão o homem avalia, julga ou analisa o caráter ou a conduta do seu próximo.

Pelo sentimento, o homem recebe a ação do seu próximo.

As leis morais são prescrições na primeira pessoa. Estabelecem como eu devo proceder para com o próximo, que é a ordem do dever moral. E não ao contrário, como o próximo deve agir para comigo.

Ao agir, como <u>deve</u> ser a minha ação para com o próximo?

Ao pensar, julgando ou avaliando o próximo, como <u>devo</u> proceder?

Ao sentir, como <u>devo</u> receber a ação do próximo?

Essas três faculdades, representadas pelas três questões anteriores, de regulamentação moral da conduta do homem no seu relacionamento com o próximo, devem ser consideradas se pretendemos estabelecer todos os deveres do homem para com o seu semelhante.

Como vimos, a caridade sintetiza todos

Capítulo V

esses deveres. Logo, a caridade deve fornecer respostas para essas três questões. De fato, a caridade, segundo a questão 886 em análise, fornece:

52. Para a primeira questão "Como deve ser a minha ação para com o próximo?", a caridade responde: com **benevolência.**

> "Não há quem não possa fazer o bem. Somente o egoísta nunca encontra ensejo de o praticar. Basta que se esteja em relações com outros homens para que se tenha ocasião de fazer o bem, e não há dia da existência que não ofereça, a quem não se ache cego pelo egoísmo, oportunidade de praticá-lo. Porque, fazer o bem não consiste para o homem, apenas em ser caridoso, mas em ser útil, na medida do possível, todas as vezes que o seu concurso venha a ser necessário." (*O Livro dos Espíritos*, 643).

53. Para responder à segunda questão "Ao pensar, julgando ou avaliando o próximo, como devo proceder?", a caridade responde: com **indulgência.**

Sobre a indulgência, o Espírito José acrescenta:

> "A indulgência jamais se ocupa com os maus atos de outrem, a menos que seja para prestar um serviço; mas, mesmo neste caso, tem o

Sobre a ordem didática da 3ª parte de O Livro dos Espíritos

cuidado de os atenuar tanto quanto possível. Não faz observações chocantes, não tem nos lábios censuras; apenas conselhos e, as mais das vezes, velados. Quando criticais, que consequência se há de tirar das vossas palavras? A de que não tereis feito o que reprovais, visto que estais a censurar; que valeis mais do que o culpado. Ó homens! quando será que julgareis os vossos próprios **corações,** os vossos próprios **pensamentos,** os vossos próprios **atos,** sem vos ocupardes com o que fazem vossos irmãos? Quando só tereis olhares severos sobre vós mesmos?" (Grifos nossos).[38]

54. E finalmente, para a terceira questão "Como <u>devo</u> receber a ação do próximo?", a caridade responde: com **perdão.**

"Mas, há duas maneiras bem diferentes de perdoar: há o perdão dos lábios e o perdão do coração. Muitas pessoas dizem, com referência ao seu adversário: "Eu lhe perdoo", mas, interiormente, alegram-se com o mal que lhe advém, comentando que ele tem o que merece. Quantos não dizem: - "Perdoo" e acrescentam: - "mas, não me reconciliarei nunca; - não quero tornar a vê-lo em toda a minha vida." Será esse o perdão, segundo o Evangelho?

---

38. O Evangelho Segundo o Espiritismo, cap X. item 16.

Capítulo V

Não; o perdão verdadeiro, o perdão cristão é aquele que lança um véu sobre o passado; esse o único que vos será levado em conta, visto que Deus não se satisfaz com as aparências."[39]

55. Em resumo, a caridade, *"Benevolência para com todos, indulgência para com as imperfeições dos outros, perdão das ofensas"*, sintetiza todos os deveres do homem para com o próximo, pois dá conta de todos os aspectos da interação do homem com o seu próximo.

"A palavra caridade, vós o sabeis, Senhores, tem uma acepção muita extensa. Há caridade em pensamentos, em palavras, em atos. Ela não é tão somente a esmola. O homem é caridoso em pensamentos sendo indulgente para com as faltas do próximo. A caridade em forma de palavra nada diz que possa prejudicar a outrem. A caridade em ações assiste ao próximo na medida de suas forças..."[40]

Todos esses aspectos da interação do homem para com o seu próximo na sociedade podem ser representados da seguinte maneira:

---

39. O Evangelho Segundo o Espiritismo, cap X, item 15.

40. Discurso pronunciado nas reuniões gerais dos espíritas de Lyon e Bordeaux, item III. In Allan Kardec, Viagem Espírita em 1862. Matão - SP, Casa Editora - O Clarim, 1968.

Sobre a ordem didática da 3ª parte de O Livro dos Espíritos

AS 3 DIMENSÕES DE INTERAÇÃO DO HOMEM PARA COM O SEU PRÓXIMO
PENSAR • SENTIR • AGIR

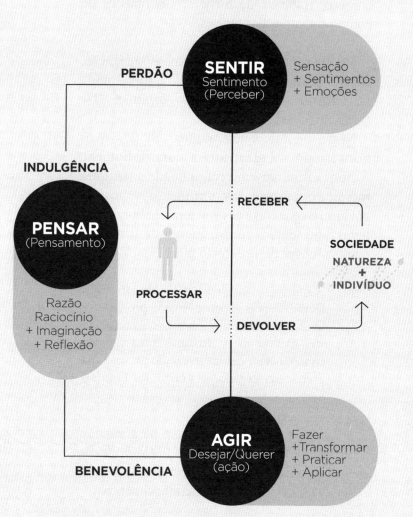

Capítulo V

Terminada a análise dos capítulos das dez leis morais, voltemos para análise do último capítulo dessa terceira parte. Como vimos no começo, tratar-se de fornecer orientações de como praticar as leis morais.

56. A resposta para a terceira indagação, "Como praticar as leis morais?", é apresentada no décimo segundo e último capítulo: *"Da perfeição moral."*

Nesse capítulo encontramos um dos mais belos estudos sobre a natureza moral do homem.

Após examinar em profundidade a natureza moral do homem (as virtudes e vícios, as paixões, o egoísmo e os caracteres do homem de bem), apresenta o conhecimento de si mesmo como a "chave do progresso individual".

> "Examinai o que pudestes ter obrado contra Deus, depois contra vosso próximo e, finalmente, contra vós mesmos. As respostas vos darão, ou o descanso para a vossa consciência, ou a indicação de um mal que precise ser curado." (*O Livro dos Espíritos,* perguntas 919 e 919a)

57. Vamos abrir um parêntese para analisar a ordem didática desse capítulo *"Da perfeição moral"* e de um importante item deste capítulo, o item 919, que trata do autoconhecimento.

Do ponto de vista moral, podemos considerar o homem como sendo dotado de *virtudes* e *vícios*.

Conquistar as virtudes e eliminar os vícios é o principal objetivo moral do homem. Para alcançar esse objetivo, as paixões desempenham o papel mais importante, pois:

> "As paixões são alavancas que decuplicam as forças do homem e o auxiliam na execução dos desígnios da Providência. Mas, se, em vez de as dirigir, deixa que elas o dirijam, cai o homem nos excessos e a própria força que, manejada pelas suas mãos, poderia produzir o bem, contra ele se volta e o esmaga."[41]

Para a compreensão do que são os vícios, Kardec estuda o que está na raiz de todos os vícios: o egoísmo.

> "Dentre os vícios, qual o que se pode considerar radical?
> "Temo-lo dito muitas vezes: o egoísmo. Daí deriva todo mal. Estudai todos os vícios e vereis que no fundo de todos há egoísmo." (*O Livro dos Espíritos*, 913).

Para explicar o que é o homem que já conquistou as virtudes, Kardec estuda os caracteres do homem de bem.

---

41. *O Livro dos Espíritos*, comentário ao item 908.

Capítulo V

"Verdadeiramente, homem de bem é o que pratica a lei de justiça, amor e caridade, na sua maior pureza. Se interrogar a própria consciência sobre os atos que praticou, perguntará se não transgrediu essa lei, se não fez o mal, se fez todo o bem que podia, se ninguém tem motivos para dele se queixar, enfim se fez aos outros o que desejara que lhe fizessem." (O Livro dos Espíritos, 918)

Com o estudo desses cinco elementos: virtudes, vícios, paixões, egoísmo e caracteres do homem de bem, o homem está preparado para o *conhecimento de si mesmo*. Assim, chegamos aos cinco itens que formam as cinco partes do capítulo *Da perfeição moral:*

1. As virtudes e os vícios. - 2. Paixões. - 3. O egoísmo. - 4. Caracteres do homem de bem. -5. Conhecimento de si mesmo

58. Vejamos agora a ordem didática do item 919, sobre o autoconhecimento. Para isso, imaginemos a seguinte estória:

Você acaba de adquirir uma casa antiga. Seu desejo é reformá-la. Para tanto, contrata um arquiteto que planejará a obra e um engenheiro que a executará, auxiliado por outros profissionais.

Em dado momento o engenheiro chama um pedreiro para orientá-lo sobre a reforma de uma das paredes da casa, estabelecendo com ele o seguinte diálogo:

— Esta parede é constituída, na sua intimidade, de uma madeira de excelente qualidade que precisa ficar à vista. Você deve trabalhar nela.

— **O que devo fazer?** — Pergunta o pedreiro.

— Deve retirar, com cuidado, todas as camadas que cobrem a madeira.

— **Como devo fazer?**

— Você deve raspar as diversas camadas que cobrem a madeira, utilizando-se da talhadeira, da lixa de madeira e das demais ferramentas apropriadas para a raspagem dos revestimentos de tinta que cobrem a madeira.

Alguns minutos após ter iniciado a tarefa que lhe foi ordenada, o pedreiro volta a falar com o engenheiro, perguntando-lhe:

— **É possível fazer?** Estou diante de uma grande dificuldade. Descubro agora que esta parede esta coberta não apenas com demãos de tinta, mas também com uma grossa capa de concreto armado. Infelizmente não poderei executar a tarefa com as ferramentas que me foram dadas. As ferramentas não são adequadas. Precisarei de outras mais apropriadas para o trabalho.

Capítulo V

— *É verdade!* — *Responde o engenheiro. Para que você possa executar a tarefa, novas ferramentas deverão ser utilizadas. Pegue lá no depósito a picareta, o marrão, a britadeira e tudo o mais que seja necessário para quebrar a camada de concreto. Se novas dificuldades surgirem, encontre maneiras de resolvê-las. Não desanimemos! O trabalho precisa ser feito.*

Mesmo munido de novas ferramentas, disposição e ânimo firme, o pedreiro resolve, antes de voltar ao trabalho, consultar o arquiteto. Passados alguns instantes, chama novamente o engenheiro e indaga-lhe:

— **Por que devo fazer?** *Para que todo este trabalho? A camada de concreto é espessa. O esforço despendido será muito grande e tomará muito tempo.*

— *Você deve executar a tarefa. É uma ordem. Além do mais, o que queremos é a estrutura interna de madeira, não esta coberta de concreto. Vamos! Mãos à obra. O tempo é curto.*

— *Você tem mesmo certeza de que devo fazer esta tarefa? Eu acabei de conversar com o arquiteto e ele me disse que esta parede vai ser derrubada. Ela não mais existirá nesta casa. Não será em vão meu esforço? De que adianta reformar algo que não vai continuar existindo. Não parece isto ilógico?*

— *Ah! Você tem razão.* — *Concluiu o engenheiro, após examinar com atenção o projeto do arquiteto. Eu me equivoquei. Não prestei atenção nesse detalhe fundamental. Obrigado! Trabalhemos na reforma das outras partes da casa que ficarão de pé.*

59. Esse pequeno diálogo, embora singelo, nos oferece uma metáfora que pode ser útil nas mais diversas situações em que algum método prático é fornecido. Assim, se alguém nos propõe um meio prático, um procedimento prático qualquer para se realizar uma tarefa, procuremos, antes de aplicá-lo, responder às quatro questões destacadas em negrito no diálogo acima:

"O que fazer?" – Isto é, qual é mesmo o método sugerido? É preciso entender bem o que deve ser feito, da forma mais clara e precisa quanto possível.

Mas, não basta *saber* o *que* fazer, é fundamental *saber* como fazer. Para isto, precisamos responder também à pergunta:

"Como devo fazer?" – Como executar o procedimento proposto? Todas as condições e recursos disponíveis, no contexto da tarefa, devem ser cuidadosamente analisados. As reais condições de aplicação do método precisam ser conhecidas e ponderadas. Trata-se de colocar a teoria em prática. Todo cuidado é pouco. Muitas vezes é na hora da utilização prática do meio proposto que ganhamos mais clareza sobre ele e compreendemos suas reais limitações.

Capítulo V

Dificuldades na execução poderão surgir, neste caso a pergunta seguinte precisará ser respondida:

"É possível fazer?" – A resposta a esta pergunta nos permitirá enfrentar os obstáculos de forma mais segura, pois nos dará a conhecer os limites e possibilidades do procedimento proposto. Saber dos limites e das reais condições de aplicação do método pode levar ao conhecimento da diferença entre um método utópico, cujos resultados jamais serão alcançados, e outro verdadeiramente efetivo, que nos conduzirá com sucesso aos objetivos desejados.

Ninguém, em sã consciência, vai aplicar, com segurança e bom ânimo, um método qualquer se não tiver boas razões para fazê-lo. Precisamos de boas razões para os meios a serem empregados, tanto quanto para os fins almejados. Por isso, mesmo tendo respostas satisfatórias para as três questões anteriores, a última pergunta que segue precisará ser respondida.

"Por que devo fazer?" – Não fazer por fazer. De que adianta, como no diálogo acima, reformar uma parede que será derrubada? Embora nem sempre os fins justifiquem os meios, sempre deveríamos ter boas razões para ambos. Não se deveria gastar tempo e esforço em vão.

60. O leitor deve estar se perguntando: *o que tudo isso tem a haver com o tema do autoconhecimento?*

Sobre a ordem didática da 3ª parte de O Livro dos Espíritos

A resposta é simples. O esquema acima, representado pelas quatro questões em negrito, fornece uma proposta sobre a ordem didática da resposta dada por Santo Agostinho à pergunta 919 a, de *O Livro dos Espíritos*.

Como o leitor já sabe, as perguntas 919 e 919a tratam do conhecimento de si mesmo:

> 919. Qual o meio prático mais eficaz que tem o homem de se melhorar nesta vida e de resistir à atração do mal?

> "Um sábio da Antiguidade vo-lo disse: Conhece-te a ti mesmo."

> a) – Conhecemos toda a sabedoria desta máxima; porém a dificuldade está precisamente em cada um conhecer-se a si mesmo. Qual o meio de consegui-lo?

Na sua resposta a essa pergunta 919 a, Santo Agostinho propõe seu método prático para se alcançar o autoconhecimento.[42]

61. Inicialmente, no primeiro parágrafo, ele aborda as duas primeiras questões destacadas acima: **"O que fazer?"** e **"Como devo fazer?".**

"O que fazer?" O que devo fazer para alcançar o autoconhecimento? *Faça perguntas a si mesmo.*

Capítulo V

> "Fazei o que eu fazia quando vivi na Terra: ao fim do dia, interrogava a minha consciência, passava revista ao que fizera e perguntava a mim mesmo se não faltara a algum dever, se ninguém tivera motivo para de mim se queixar."

Porém, conforme já assinalamos acima, para se colocar em prática a resposta à primeira questão, deve-se responder também à segunda questão **"Como devo fazer?"**. Isto é, como fazer perguntas a mim mesmo? Que tipo de perguntas devo fazer? Muitas perguntas são possíveis. Como selecionar as mais adequadas? Lembremos que o item sobre o autoconhecimento foi colocado no capítulo sobre a *Perfeição Moral*. O autoconhecimento não é um fim em si mesmo, ele tem por objetivo o aperfeiçoamento moral do ser. Na própria pergunta 919, o objetivo do autoconhecimento é explicitado: *melhorar nesta vida e resistir à atração do mal.* As perguntas devem conduzir à essas finalidades.

> "Aquele que, todas as noites, evocasse todas as ações que praticou durante o dia e inquirisse de si mesmo o bem ou o mal que fez, rogando a Deus e ao seu anjo guardião que o esclarecessem, grande força adquiriria

---

42. No original francês a resposta foi dada em três parágrafos.

para se aperfeiçoar, porque, crede-me, Deus o assistiria. Dirigi, pois, a vós mesmos perguntas, interrogai-vos sobre o que tendes feito e com que objetivo procedestes em tal ou tal circunstância, sobre se fizestes alguma coisa que, feita por outrem, censuraríeis, sobre se obrastes alguma ação que não ousaríeis confessar. Perguntai ainda mais: "Se aprouvesse a Deus chamar-me neste momento, teria que temer o olhar de alguém, ao entrar de novo no mundo dos Espíritos, onde nada pode ser ocultado?" Examinai o que pudestes ter obrado contra Deus, depois contra o vosso próximo e, finalmente, contra vós mesmos. As respostas vos darão, ou o descanso para a vossa consciência, ou a indicação de um mal que precise ser curado."

62. Ao começar a aplicar o método sugerido por Santo Agostinho nos deparamos com um grande obstáculo. Como na metáfora do início deste texto, uma espessa capa de concreto bloqueia nosso mundo íntimo: o autoengano. Não será fácil atravessá-la.

"Mas, direis, como há de alguém julgar-se a si mesmo? Não está aí a ilusão do amor-próprio para atenuar as faltas e torná-las desculpáveis? O avarento se considera apenas econômico e previdente; o orgulhoso julga que em si só há dignidade."

Capítulo V

O problema do autoengano, muito bem identificado pelo Espírito, é a maior barreira ao conhecimento de si mesmo. Nosso olhar sobre nós mesmos, pelo menos no que diz respeito à busca de autoconhecimento em sentido amplo, sofre das mesmas limitações que surgem quando o dirigimos ao mundo fora de nós.

Nunca temos acesso *imediato* a toda a riqueza de nosso mundo interior. O autoconhecimento (e também o conhecimento das coisas fora de nós) é sempre mediado por nossa subjetividade. Não temos como sair de nós mesmos e a partir de um ponto externo buscar um saber isento e seguro de nossa vida interior. A objetividade absoluta é impossível.

Não se pode impedir que o objeto de minha introspecção, isto é, eu mesmo, sofra a interferência da minha subjetividade. Não é à toa que o ditado popular afirma: "Ninguém é bom juiz em causa própria". Trata-se do insolúvel problema da interferência do sujeito no objeto, que vale para toda forma de conhecimento, inclusive a introspecção.

63. Embora não se possa ter um conhecimento isento e seguro, pode-se amenizar a interferência de nossa subjetividade. No conhecimento do mundo fora de mim, busco contrabalançar a interferência da minha própria subjetividade criando um espaço de interação intersubjetiva, isto

Sobre a ordem didática da 3ª parte de O Livro dos Espíritos

é, submetendo o conhecimento à análise crítica e pública da razão.

Algo análogo pode ser praticado no autoconhecimento. Podemos analisar racionalmente nossa conduta utilizando-nos das contribuições dos outros a nosso respeito. Para aprendermos com mais segurança sobre nós mesmos, devemos prestar atenção nas opiniões dos outros a nosso respeito. Muitas vezes, essas opiniões podem ser percebidas sem que nada tenha sido dito: basta observar com atenção as reações e emoções que neles despertamos.

Quanto mais isenta e sincera for a opinião dos outros sobre nós, melhor poderemos aproveitá-la. Por isso é muito importante conhecer a opinião de nossos inimigos. Precisamos dos outros, mesmo no autoconhecimento. Mais uma lição da sabedoria divina, consequência da Lei de Sociedade. Nem mesmo o progresso moral individual dispensa a ajuda, quiçá involuntária, dos nossos semelhantes.

Claro que a decisão final sobre o valor da nossa própria conduta será sempre nossa. As contribuições dos outros deverão ser honestamente ponderadas à luz da nossa razão. A interferência da minha subjetividade é incvitável. Daí a importância do desejo sério de *melhorar-se,* de se ouvir a voz da consciência, *guardiã da probidade interior.*

Capítulo V

"Quando estiverdes indecisos sobre o valor de uma de vossas ações, inquiri como a qualificaríeis, se praticada por outra pessoa. Se a censurais noutrem, não a podereis ter por legítima quando fordes o seu autor, pois que Deus não usa de duas medidas na aplicação de Sua justiça. Procurai também saber o que dela pensam os vossos semelhantes e não desprezeis a opinião dos vossos inimigos, porquanto esses nenhum interesse têm em mascarar a verdade, e Deus muitas vezes os coloca ao vosso lado como um espelho, a fim de que sejais advertidos com mais franqueza do que o faria um amigo. Perscrute, conseguintemente, a sua consciência aquele que se sinta possuído do desejo sério de melhorar-se, a fim de extirpar de si os maus pendores, como do seu jardim arranca as ervas daninhas. Faça o balanço de seu dia moral, como o comerciante faz o de suas perdas e seus lucros; e eu vos asseguro que a primeira operação será mais proveitosa do que a segunda. Se puder dizer que foi bom o seu dia, poderá dormir em paz e aguardar sem receio o despertar na outra vida "

64. Como se vê, a tarefa do autoconhecimento exige esforço e boa vontade. Ela precisa ser constante e permanente. Mas, dirão alguns: "vale a pena esse esforço?". Se a parede vai deixar de existir, por que reformá-la?

De que adianta todo o empenho para romper a barreira árdua e difícil do autoengano se a vida dura tão pouco?

Sobre a ordem didática da 3ª parte de O Livro dos Espíritos

Não basta, portanto, ter respostas adequadas para as três primeiras questões destacadas na metáfora inicial. É fundamental ter também uma boa resposta para a quarta e última **"Por que devo fazer?"**.

Por que devo realizar essa tarefa espinhosa do autoconhecimento? Deixemos a resposta com Santo Agostinho:

> "Justo é que se gastem alguns minutos para conquistar uma felicidade eterna. Não trabalhais todos os dias com o fito de juntar haveres que vos garantam repouso na velhice? Não constitui esse repouso o objeto de todos os vossos desejos, o fim que vos faz suportar fadigas e privações temporárias? Ora, que é esse descanso de alguns dias, turbado sempre pelas enfermidades do corpo, em comparação com o que espera o homem de bem? Não valerá este outro a pena de alguns esforços? Sei haver muitos que dizem ser positivo o presente e incerto o futuro. Ora, esta exatamente a ideia que estamos encarregados de eliminar do vosso íntimo, visto desejarmos fazer que compreendais esse futuro, de modo a não restar nenhuma dúvida em vossa alma."

Agora vamos para a ordem didática da última parte de *O Livro dos Espíritos*. ∎

VI

CAPÍTULO

PARTE QUARTA

Sobre a ordem didática da 4ª parte de *O Livro dos Espíritos*

VI

CAPÍTULO

SOBRE A ORDEM DIDÁTICA DA 4ª PARTE DE *O LIVRO DOS ESPÍRITOS*

> **"** *"Aquele que se acha bem compenetrado de seu destino futuro não vê na vida corporal mais do que uma estação temporária, como uma parada momentânea numa hospedaria de má qualidade. Facilmente se consola de alguns aborrecimentos passageiros de uma viagem que o levará a tanto melhor posição, quanto melhor tenha cuidado dos preparativos para empreendê-la."* [43] **"**

---

65. Considerando que a existência dos Espíritos ocorre nos dois lados da vida, mundo corporal e mundo espiritual, as consequências

---

43. *O Livro dos Espíritos,* item 921.

Capítulo VI

para o Espírito do cumprimento ou não das leis morais devem ser, também, estabelecidas nesses dois mundos.

Portanto, nessa 4ª parte a seguinte questão deve ser respondida: Quais são as consequências para o Espírito, nos mundos corporal e espiritual, do cumprimento ou não das leis morais em suas diversas existências?

No capítulo I, *Das penas e gozos terrenos,* são apresentadas as consequências para o Espírito, no mundo corporal, do cumprimento ou não das leis morais nas suas diversas existências. A felicidade e a infelicidade relativas, a perda de entes queridos, as decepções, a ingratidão, as afeições destruídas, as uniões antipáticas, o temor da morte, o desgosto da vida e o suicídio são os principais temas abordados nesse primeiro capítulo.

No segundo capítulo, *Das penas e gozos futuros,* são examinadas as consequências para o Espírito, no mundo espiritual, do cumprimento ou não das leis morais nas suas diversas existências. A vida futura, a natureza das penas e gozos futuros, as penas temporais, a expiação e o arrependimento, a duração das penas futuras, o paraíso, o inferno e o purgatório são alguns dos temas tratados nesse segundo capítulo.

Esquematicamente:

Sobre a ordem didática da 4ª parte de O Livro dos Espíritos

PARTE QUARTA
DAS ESPERANÇAS E CONSOLAÇÕES

66. Procuramos, nos itens anteriores, destacar uma pequena parcela da ordem didática de *O Livro dos Espíritos*. Muito ainda resta por fazer. Tratamos apenas da superfície da obra, dos títulos das partes e capítulos.

Podemos dizer que fizemos uma análise da estrutura macro da obra, sem nos atermos à ordem interna dos itens dentro de cada capítulo. Mesmo nessa visão macro, nossa proposta está longe de esgotar o assunto. Ela deve ser considerada como mais uma contribuição ao estudo da estrutura da

Capítulo VI

obra, sem a pretensão de ser a palavra final.

A ordem didática da parte interna dos capítulos deve também ser investigada. Cada capítulo foi divido em itens, que foram dispostos numa certa ordem. Como estabelecer a ordem desses itens dentro de cada capítulo?

Quando examinamos a ordem interna do capítulo "Da perfeição moral", no item 28 acima sobre as leis morais, oferecemos uma pequena ideia de como os itens que compõem o capítulo foram escolhidos e dispostos numa certa ordem.

Nosso objetivo até aqui, ao trabalhar na ordem didática de *O Livro dos Espíritos*, foi o de oferecer uma contribuição ao estudo e ao ensino desse livro que permitisse uma rápida visualização de sua macro-estrutura, facilitando a localização dos temas abordados. Assim, se alguém desejasse estudar um tema espírita qualquer, teria como saber se tal tema é tratado na obra e como localizá-lo.

Pensamos como um professor que para facilitar o estudo de uma obra apresenta ao aluno um resumo de suas principais ideias, fazendo com que este, de relance, pudesse sentir sua beleza e profundidade.

Passemos agora para a análise da ordem didática do primeiro texto que compõe *O Livro dos Espíritos*, a sua *Introdução ao estudo da Doutrina Espirita.* ■

VII

CAPÍTULO

Compreendendo a "Introdução" de *O Livro dos Espíritos*

VII

CAPÍTULO

COMPREENDENDO A "INTRODUÇÃO" DE *O LIVRO DOS ESPÍRITOS*

> **"** *"A razão nos diz que entre o homem e Deus outros elos necessariamente haverá, como disse aos astrônomos que, entre os mundos conhecidos, outros haveria, desconhecidos. Que filosofia já preencheu esta lacuna? O Espiritismo no-la mostra preenchida pelos seres de todas as ordens do mundo invisível e estes seres não são mais do que os Espíritos dos homens, nos diferentes graus que levam à perfeição. Tudo então se liga, tudo se encadeia, desde o alfa até o ômega. Vós, que negais a existência dos Espíritos, preenchei o vácuo que eles ocupam. E vós, que rides deles, ousai rir das obras de Deus e da Sua onipotência!"*[44] **"**

---

67. A obra "*O Livro dos Espíritos*" começa com um texto primoroso intitulado *Introdução ao*

---

44. *O Livro dos Espíritos*, Introdução, item XVII.

estudo da doutrina espírita. De agora em diante, faremos referência a esse texto, utilizando apenas a palavra Introdução.

Não se trata simplesmente de uma introdução ao *livro,* no sentido usual de uma breve apresentação do que será abordado no livro, sua justificativa, seus objetivos, seus argumentos ou suas formas de abordagem. Trata-se, como o próprio título indica, de uma introdução ao *estudo* do Espiritismo.

Dois assuntos preparatórios são analisados na *Introdução:* a terminologia básica empregada pelo Espiritismo e as respostas às principais objeções que foram feitas a ele.

O esclarecimento acerca de alguns dos principais termos que são utilizados, evita, desde o começo, as confusões e ambiguidades que costumam surgir quando se apresenta uma nova ciência, utilizando-se de palavras e expressões da linguagem corrente.

Kardec não vai criar um vocabulário próprio extenso. Poucos serão os termos novos por ele criados. Sua opção pelo uso de palavras conhecidas permite uma leitura mais fluente do texto, sem a necessidade de memorizar definições complexas de palavras novas. Para palavras conhecidas, sempre que o Espiritismo adotar um sentido diferente do usual, o sentido novo dado pelo Espiritismo ficará claro no contexto utilizado.

O Espiritismo se utiliza de termos das diversas filosofias e religiões. Alguns com os mesmos sentidos empregados nelas e outros com um novo significado, muitas vezes apenas com pequenas diferenças em relação aos seus sentidos usuais.

Essa opção de se utilizar de palavras conhecidas, mas fazendo, quando necessário, pequenos ajustes de significado, torna mais fácil a compreensão do Espiritismo. O leitor sente uma certa familiaridade com os assuntos tratados, como se já os conhecesse. O texto fica leve, claro, de fácil leitura e compreensão. Do ponto de vista didático, essa foi uma excelente escolha.

A clareza do texto é acompanhada de uma profundidade surpreendente, características próprias dos grandes escritores. Nietzsche nos esclarece o essencial sobre a relação entre a clareza e a profundidade: *"Quem se sabe profundo se esforça para ser claro, quem gostaria de parecer profundo à multidão se esforça para ser obscuro."* (A ciência gaia, III, 173)

O Espiritismo, tal como formulado por Kardec, é claro e profundo. Aborda as mais graves questões da filosofia e da moral. Como ciência, cumpre todas as exigências de um paradigma científico bem formulado, com todo o rigor metodológico que se pode exigir de uma verdadeira ciência. Seu rigoroso método já se evidencia, como veremos, quando trata do tema principal da *Introdução*: responder à objeções que foram feitas ao Espiritismo.

Esses dois assuntos, terminologia básica e respostas às objeções ao Espiritismo, serão

Capítulo VII

tratados na *Introdução* em dezessete itens: do item I ao XVII.

Vejamos agora como podemos agrupar didaticamente esses itens, com seus respectivos assuntos.

68. Os itens da *Introdução* podem ser agrupados por assunto da seguinte maneira:

Itens I e II – Terminologia – Explicação sobre o significado de alguns termos.

Itens III a V – Série progressiva dos fenômenos que deram origem ao Espiritismo.

Item VI – Resumo da doutrina espírita.

Itens VII a XVII – Refutação das objeções ao Espiritismo.

Após explicar o significado de alguns termos essenciais utilizados pelo Espiritismo, Kardec vai responder aos contraditores. Quem são eles? São aqueles que propuseram uma explicação para os fenômenos espíritas diferente da explicação espírita. Não aceitando a explicação dada pelo Espiritismo, propuseram uma outra explicação que não se apoia na existência e comunicação dos Espíritos.

Para respondê-los, Kardec vai seguir uma ordem didática simples: apresenta um resumo dos principais fenômenos espíritas (itens III a V), faz uma síntese do Espiritismo (item VI) e refuta as explicações dos fenômenos dadas pelos contraditores (itens VII a XVII), mostrando que essas são insuficientes, quando comparadas com a explicação espírita.

Responder aos contraditores é mostrar que a explicação que deram para os fenômenos espíritas é incompleta, pois não dá conta de todos os fenômenos abarcados pela explicação espírita. Por isso, Kardec começa fazendo um resumo dos fenômenos, com uma síntese do Espiritismo, para ter em mãos todos os elementos necessários a fim de comparar a explicação dos contraditores com a explicação espírita.

Essa comparação é essencial na refutação proposta por Kardec. Era necessário mostrar que a explicação espírita, comparada com as outras, é a mais completa e satisfatória. Não se utiliza de nenhuma hipótese extraordinária. Surge de forma natural dos próprios fenômenos observados.

69. Examinemos agora os itens I e II que tratam de alguns termos utilizados pelo Espiritismo.

O item I começa com uma distinção entre Espiritualismo e Espiritismo, para justificar a criação da nova palavra *Espiritismo*.

Tal distinção serve como ponto de partida para mostrar que se trata de uma nova e bem definida proposta espiritualista, não-materialista, para explicar os fenômenos espíritas.

O Espiritualismo é uma classe muito ampla e imprecisa de doutrinas ou sistemas não-materialistas. Denominar-se *espiritualista* é assumir uma posição vaga demais. Acreditar que há "algo" em nós mais do que a matéria corporal com seus efeitos é uma hipótese que pouco ou quase nada nos diz sobre a natureza ou propriedades desse "algo".

Sobre a matéria e seus efeitos, temos conhecimento perceptível e teórico em abundância. As ciências ordinárias não param de crescer e de se aperfeiçoar. Sobre a natureza e as propriedades desse "algo", as doutrinas espiritualistas dizem muito pouca coisa e, em geral, o fazem de forma puramente especulativa ou mística. São muitas vezes propostas religiosas sem nenhuma base empírica.

O Espiritismo, por outro lado, é um sistema científico que procura explicar com clareza e precisão a natureza e as propriedades desse ser que sobrevive à morte do corpo, a alma. É uma forma de Espiritualismo nunca antes proposto. É um novo Espiritualismo científico, apoiado na experiência. Merecia portanto uma nova palavra para designá-lo: *Espiritismo*.

Após explicar a criação da palavra Espiritismo, Kardec passa a tratar dos significados da palavra *alma*.

A alma é o elemento mais importante para a compreensão do Espiritismo. Os fenômenos espíritas demonstraram que os Espíritos nada mais são do que as almas dos homens que morreram. Cabe, portanto, explicar com clareza o que o Espiritismo entende por *alma*.

70. Kardec discute os três usos mais comuns para a palavra alma:

1) a *alma vital,* indicando o princípio da vida material, comum a todos os seres orgânicos: plantas, animais e homens.

2) a *alma intelectual,* o princípio da inteligência, pertence aos animais e aos homens.

3) a *alma espírita,* pertence somente ao homem, seu princípio da individualidade após a morte. "O ser imaterial e individual que em nós reside e sobrevive ao corpo".

Os dois primeiros usos da palavra alma não serão empregados pelo Espiritismo. Para expressar essas duas ideias, utilizará das seguintes expressões: *princípio vital* e *princípio inteligente,* deixando de usar as expressões *alma vital* e *alma intelectual.*

O *Princípio vital* é "o princípio da vida material e orgânica, qualquer que seja a fonte donde promane, princípio esse comum a todos os seres vivos, desde as plantas até o homem". O *Princípio inteligente* é o princípio da inteligência dos animais e dos homens.

71. A palavra princípio pode ser compreendida pelo seu sentido filosófico de ponto de partida ou começo para um raciocínio ou para uma explicação.

Capítulo VII

É da natureza de um princípio não ser demonstrável, já que todo raciocínio demonstrativo requer um ponto de partida indemonstrável.

Não se pode demonstrar tudo. Toda demonstração é incompleta. Ela se apoia em hipóteses, que por sua vez, para serem demonstradas, se apoiarão em outras hipóteses, e assim ao infinito. Para pararmos essa regressão ao infinito e assim concluir a demonstração, adotamos princípios ou pontos de partida para o raciocínio.

Esses princípios são aceitos como verdadeiros. Não porque sejam certos (isto é, absolutamente verdadeiros). Nada é certo. Pode ser que hajam verdades absolutas, mas não podemos ter certeza. Uma certeza é proposição ou uma demonstração em si mesmas indubitáveis. De tudo se pode duvidar. Não há prova absoluta. Seria necessário provar primeiro o valor da própria razão que estabeleceu a prova. O que nos faria cair num círculo vicioso. Para provar que a nossa razão está certa, teríamos que fazer uso da própria razão para estabelecer a prova. Não se pode provar que a razão não se engana sem aceitar ao mesmo tempo que a própria razão esteja correta. Não se sai da razão.

Por que, num raciocínio, aceitamos os princípios como verdadeiros?

Às vezes, porque vemos neles uma certa evidência. É o caso do princípio de causalidade:

todo fato tem uma causa. Uma causa é um outro fato ou um conjunto de fatos. É aceitar a racionalidade dos fenômenos e a constância de suas leis. Não se pode prová-lo. Recusá-lo é renunciar ao *porquê, à explicação.* Sem o princípio de causalidade, como explicar um fato qualquer? Explicar é dar a causa, o sentido ou a razão. Sem o princípio de causalidade nenhum fato seria explicável. Se um fato não tivesse uma causa, não poderíamos explicá-lo. Ele escaparia da nossa capacidade de compreensão: seria um mistério.

Outras vezes, porque não podemos recusá-los, sem se duvidar de tudo. É o caso do princípio de não-contradição: *duas proposições contraditórias não podem ser verdadeiras ao mesmo tempo.* Dadas as duas proposições contraditórias: "Kardec escreveu a obra *O Livro dos Espíritos*" e "Kardec **não** escreveu a obra *O Livro dos Espíritos*", a verdade da primeira falsifica a segunda e vice-versa. As duas não podem ser verdadeiras ao mesmo tempo.

Não podemos refutar o princípio de não-contradição, pois toda demonstração o supõe. Em toda demonstração, tomamos como ponto de partida algumas proposições como verdadeiras (as hipóteses da demonstração) e suas negações como falsas.

Ele é ao mesmo tempo indemonstrável e irrefutável. Ele é certo? Também não. Podemos duvidar dele, já que podemos duvidar de tudo.

Mas, não podemos provar sua verdade nem sua falsidade sem cair num círculo vicioso. Sem ele nenhuma demonstração é possível. Nem é possível pensar corretamente sem aceitá-lo, pelo menos implicitamente. Experimente fazer uma discussão intelectual qualquer sem aceitá-lo.

72. Repitamos, explicar é dar a causa, o sentido ou a razão. Assim, como explicar a vida ou a inteligência? De forma mais precisa, qual a causa da vida ou da inteligência?

Uma resposta possível, mas não suficiente, é dizer que a vida ou a inteligência têm como causas dois princípios: o princípio vital e o princípio inteligente. Claro que se eu não disser o que são esses dois princípios, ou onde eles residem, minha resposta é insatisfatória. Seria dizer apenas que a vida ou a inteligência tem causas. O que eu já sabia, ao aceitar o princípio de causalidade. É o mesmo que afirmar que a causa da vida ou da inteligência é a própria vida ou a inteligência. Explicar a vida pela própria vida, ou a inteligência por ela mesma, é insuficiente, pois não acrescenta nada à nossa compreensão delas.

As duas definições dadas no texto acima, de princípio vital e de princípio inteligente, indicam que se deve buscar as causas da vida ou da inteligência numa fonte diferente da própria vida ou da inteligência. Expressam a dimensão da nossa ignorância sobre esses dois fenômenos. Nossa incapacidade de explicá-los satisfatoriamente.

73. Qual a causa da inteligência, ou do pensamento?

Do ponto de vista materialista, tenta-se explicar a inteligência, ou pensamento, como uma propriedade de determinados organismos vivos com certa estrutura nervosa. A inteligência seria um efeito ou uma propriedade da matéria. Tese que não foi demonstrada, e que, para os espiritualistas, nunca o será.

Do ponto de vista espírita, a inteligência é um atributo do espírito, princípio inteligente. O espírito é a causa da inteligência ou do pensamento. Kardec, como vimos, utiliza a palavra com letra maiúscula, *Espírito*, para designar o princípio inteligente nos seres humanos. Assim, o Espírito é o princípio inteligente, ou a causa da inteligência nos homens.

A palavra espírito, com letra "e" minúscula, é empregada de forma mais geral. Designa tanto o princípio da inteligência nos animais quanto nos homens. Já a palavra Espírito será usada, em toda a obra de Kardec, para designar apenas o princípio inteligente dos seres humanos.

Mas, o que é o Espírito? A resposta é dada pela ciência espírita. O Espírito é o seu principal objeto de investigação.

Assim, é o Espiritismo a ciência que apresenta o estudo mais completo sobre o que é o Espírito.

Capítulo VII

74. Qual a causa da vida?

Para o materialista a vida é, como no caso da inteligência, uma propriedade de determinado tipo de matéria. Um efeito de certo tipo de matéria organizada.

A ciência caminha passo a passo para compreender a vida. Com as descobertas dos aminoácidos, das proteínas, do RNA e do DNA começamos a compreender vários aspectos da vida que não compreendíamos no século XIX, período das obras de Kardec. Mas, ainda não conseguimos compreende-la o suficiente, a ponto de criarmos a vida a partir de seus elementos não vivos ou de explicar, por exemplo, a ação do chamado magnetismo humano na cura de doenças ou no hipnotismo (os passes magnéticos investigados por Mesmer).

A vida não é o objeto de investigação do Espiritismo, conforme vemos da definição, citada acima, do que é o Espiritismo.

O objeto de estudo do Espiritismo é o Espírito, não a vida. Claro que, como o espírito se utiliza dos seres vivos como veículos de expressão e de interação com o mundo material, o tema se relaciona muito de perto com o Espiritismo.

O Espiritismo tem uma região de fronteira com várias ciências, em particular com as ciências da vida. O que coloca o Espiritismo na posição de caminhar par e passo com o progresso dessas ciências.

As concepções modernas das ciências precisam ser consideradas, para que o Espiritismo possa caminhar com segurança nessas regiões de fronteira. O que levou Kardec a afirmar que o Espiritismo ao caminhar de par com o progresso jamais será ultrapassado. (A Gênese, cap. I)

Ao tocar na questão da vida, Kardec afirma:

> "Para alguns, o princípio vital é uma propriedade da matéria, um efeito que se produz quando a matéria se acha em dadas circunstâncias. Segundo outros, e esta é a ideia mais comum, ele reside em um fluido especial, universalmente espalhado e do qual cada ser absorve e assimila uma parcela durante a vida, tal como os corpos inertes absorvem a luz. Esse seria então o fluido vital que, na opinião de alguns, em nada difere do fluido elétrico animalizado, ao qual também se dão os nomes de fluido magnético, fluido nervoso, etc."

Para Kardec, portanto, a vida é também causada pela matéria: ou é uma propriedade da matéria organizada já conhecida à sua época (o princípio vital é uma propriedade da matéria) ou é causada por um fluido especial, um tipo de matéria ainda desconhecido, denominado *fluido vital* (o princípio vital reside no fluido vital).

No século XIX, mesmo em séculos anteriores, era muito comum utilizar a palavra *fluidos* para designar substâncias sutis, cuja natureza e propriedades eram desconhecidas, que seriam a causa de fenômenos pouco compreendidos. Assim, os fenômenos elétricos, magnéticos ou térmicos eram estudados utilizando-se das expressões *fluido elétrico, fluido magnético e fluido térmico ou calórico.*

As ciências modernas, focadas nos cálculos e predições e menos nas explicações, não utilizam mais a expressão fluidos para estudar os fenômenos elétricos, magnéticos (o magnetismo dos ímãs, não o magnetismo humano ou de Mesmer) ou termodinâmicos. Embora continuem a utilizar fluidos para designar os líquidos e os gases.

No nível operacional, tais estudos utilizam conceitos matemáticos como campo elétrico, campo magnético e energia para predizer e calcular os efeitos observados. Do ponto de vista explicativo, essas noções matemáticas de campo ainda não esclarecem o suficiente. O que são na sua essência esses campos, além de funções matemáticas? Como surgem, se propagam ou causam os fenômenos? Essas são questões que ainda não receberam respostas claras dos especialistas.

Até que tenhamos respostas explicativas mais claras das ciências ordinárias para compreender a vida ou o chamado magnetismo humano, é pertinente que o Espiritismo continue a usar as expressões *fluido vital, fluido magnético* etc, para designar elementos materiais invisíveis, sutis e imponderáveis que tomam parte em fenômenos diversos examinados pelo Espiritismo.

Ou seja, Kardec não está equivocado ou ultrapassado ao utilizar tais expressões.

75. Voltemos agora ao usa da palavra alma.

A palavra *alma* designa *o ser imaterial e individual que em nós reside e sobrevive ao corpo*. Claro que a sua imaterialidade não é absoluta, pois a alma é alguma coisa, um ser, não uma ideia ou abstração. Mas, difere de tudo aquilo que conhecemos como matéria, sem analogia para nós. (*O Livro dos Espíritos*, item 82).

Conquanto seja esse o sentido mais utilizado para a palavra "alma", ela será por Kardec empregada em dois outros sentidos, todos relacionados entre si, mas que é essencial fazermos as distinções.

O primeiro é o uso de alma como sinônimo de Espírito:

> "A alma é assim um ser simples; o Espírito um ser duplo e o homem um ser triplo. Seria mais exato reservar a palavra *alma* para designar o princípio inteligente, e o termo *Espírito* para o ser semimaterial formado desse princípio e do corpo fluídico; mas, como não se pode conceber o princípio inteligente isolado da matéria, nem o perispírito sem ser animado pelo princípio inteligente, as palavras

Capítulo VII

> *alma* e *Espírito* são, no uso, indiferentemente empregadas uma pela outra; é a figura que consiste em tomar a parte pelo todo, do mesmo modo por que se diz que uma cidade é povoada de tantas almas, uma vila composta de tantas famílias; filosoficamente, porém, é essencial fazer-se a diferença." [45]

O segundo sentido é o de alma como Espírito encarnado, isto é, representa o Espírito no estado de encarnado:

> "Que é a alma?
> Um Espírito encarnado.
> a) – Que era a alma antes de se unir ao corpo? Espírito." [46]

Resumindo, temos os três usos da palavra *alma*:

1) Alma como princípio inteligente, ser imaterial e individual que sobrevive à morte do corpo. É o Espírito sem o perispírito.

2) *Alma* como sinônimo de *Espírito*. Alma e Espírito são a mesma coisa.

3) Alma como Espírito encarnado. Nesse sentido podemos falar de Cosme como uma alma, e de Jesus como um Espírito.

---

45. O que é o Espiritismo, capítulo II, 14.

46. *O Livro dos Espíritos*, item 134.

Esses três usos aparecem nas obras de Kardec sem gerar confusão ou ambiguidades. O contexto sempre permite saber quando se está usando cada um deles.

Todos esses usos preservam a ideia central da alma como o princípio inteligente, o ser individual, imaterial, em que residem o pensamento, a vontade e os sentimentos. O pensamento é o seu atributo essencial. Não há pensamento fora da alma, nem alma que não pensa. A alma é a sede da consciência, da memória, da imaginação, da razão, da percepção, das emoções, da vontade, isto é, de todos os tipos de pensamentos. (*O Livro dos Espíritos,* itens 89, 257, 563 e 835).

76. O item III começa apresentando o principal objetivo da Introdução: responder a algumas das objeções dos contraditores.

De início, Kardec afirma que pretende demonstrar que essas objeções decorrem de uma incompleta observação dos fatos e de um juízo precipitado. Por isso, ele começa fazendo uma descrição da série progressiva dos fenômenos que deram origem à doutrina espírita. Os principais fenômenos examinados são os seguintes:

169

Capítulo VII

1) As mesas girantes ou danças das mesas – Item III. Trata-se da movimentação de objetos diversos sem causa física conhecida, movimentos de translação e de suspensão de objetos, ruídos, pancadas etc.

Os fenômenos não ficaram restritos ao movimento puro e simples de objetos. Havia nesses movimentos todas as evidências de causas inteligentes. Uma vez comprovada a existência de uma causa inteligente, qual a sua natureza? Como estabelecer com essa causa alguma forma de comunicação?

2) Fenômenos físicos inteligentes – Item IV – Os movimentos e ruídos são utilizados como forma de comunicação. Os seres que se comunicam se identificam como Espíritos, ou as almas dos homens que já morreram. Os Espíritos sugerem uma forma mais rápida de comunicação adaptando-se um lápis a uma cesta ou outro objeto.

3) A psicografia – Item V – O médium segura com a mão o lápis sem necessidade da cesta ou de outro objeto, facilitando o processo de comunicação. Kardec examina o papel do médium nas respostas e como, mecânica e moralmente, se dá a sua influência no processo de comunicação. Mostra, também, como o conteúdo das comunicações reflete a superioridade ou a inferioridade do Espírito comunicante.

Após resumir essa série progressiva dos fenômenos mediúnicos, Kardec faz um sumário da doutrina que foi formulada a partir das comunicações com os Espíritos.

O item VI apresenta o mais completo resumo de toda a doutrina espírita. Esse resumo é fundamental para a resposta que será dada às objeções, pois permite comparar a proposta espírita com a dos contraditores.

Depois desses resumos, o texto examina as objeções dos contraditores, buscando demonstrar a insuficiência de suas explicações.

As respostas de Kardec aos contraditores podem ser agrupadas nos itens abaixo, de 77 a 87. Em cada um desses itens apresentamos uma síntese das objeções dos contraditores e das respostas dadas por Kardec.

77. A oposição da corporações científicas
Item VII:

> "Para muita gente, a oposição das corporações científicas constitui, senão uma prova, pelo menos forte presunção contra o que quer que seja."

Capítulo VII

O Espiritismo é uma ciência própria e independente das outras ciências. As ciências ordinárias tem por objeto de estudos a matéria e seus efeitos. Os fenômenos espíritas dependem da ação de inteligências com vontade própria, que não estão à nossa disposição a todo instante. As observações não podem ser feitas da mesma forma. Não se pode submeter os fenômenos espíritas aos mesmos processos de investigação das ciências ordinárias Elas não tem, portanto, que se ocupar do Espiritismo. O Espiritismo é assim uma nova ciência e não é da alçada de nenhuma outra ciência.

> "Quando surge um fato novo, que não guarda relação com nenhuma ciência conhecida, o cientista, para estudá-lo, tem que abstrair da sua ciência e dizer a si mesmo que o que se lhe oferece constitui um estudo novo, impossível de ser feito com ideias preconcebidas."

78. O crítico sério – Item VIII

> "Não sabemos como dar esses qualificativos aos que julgam a priori, levianamente, sem tudo ter visto; que não imprimem a seus estudos a continuidade, a regularidade e o recolhimento indispensáveis."

O Espiritismo é uma ciência que tem um domínio tão novo e tão amplo que não pode ser estudado senão por homens sérios e perseverantes. Não se aprende o Espiritismo a brincar. Quem quiser estudar essa nova ciência, deve fazer um curso metódico, a partir dos fatos e dos fundamentos já estabelecidos.

Aqueles que julgam a *priori*, levianamente, sem ter visto e estudado tudo, não podem ser considerados críticos sérios.

79. O charlatanismo – Item IX

> "Que respondem a essa evidência os antagonistas ? [a evidência dos fenômenos espíritas] Sois, dizem eles, vítimas do charlatanismo ou joguete de uma ilusão."

Para os novatos, que querem de forma mais rápida adquirir a certeza da independência da vontade do médium nas comunicações, Kardec vai se deter nas comunicações escritas obtidas com a ajuda de um objeto qualquer munido de um lápis, uma cestinha ou uma prancheta.

Numa comunicação obtida dessa forma, há ou não uma manifestação inteligente e qual a fonte dessa inteligência? Os contraditores respondem: é charlatanismo ou joguete de ilusão.

Primeiramente, cabe afastar a palavra

charlatanismo, pois o charlatão deve levar alguma vantagem financeira. Os fenômenos espíritas foram produzidos e estudados por pessoas honradas que não tinham nenhuma das características dos charlatães.

Poderia ser, então, uma mistificação? Mas, como explicar que uma mistificação ocorra em todas as partes do planeta e possa produzir os mesmos efeitos e dar respostas idênticas e em línguas diferentes? Com pessoas sérias e honradas se prestariam a isso? Como explicar que crianças teriam paciência e habilidades para isso?

Uma ilusão? Em boa lógica, diz Kardec, a qualidade das testemunhas é um grande peso. O Espiritismo conta, entre seus milhares de adeptos, com pessoas sérias e inteligentes. São pessoas judiciosas que por muito tempo viram, estudaram e meditaram a respeito.

80. A grosseria da linguagem de certos espíritos – manifestação exclusiva da potência diabólica – item X

> "A uma das objeções serve de base a linguagem de certos Espíritos, que não parece digna da elevação atribuída a seres sobrenaturais."

Apoiando-se no resumo apresentado no item VI, Kardec observa que os Espíritos nos ensinam que não são iguais nem em conhecimentos, nem em qualidades morais. Claro, portanto, que pode haver comunicações grosseiras. Mas, também, temos as comunicações dos Espíritos Superiores. Competem às pessoas sensatas separar a boa da má comunicação.

As pessoas que julgam as comunicações espiritas apenas pelas más comunicações, cometeriam o mesmo erro daquelas que julgassem a qualidade das pessoas de uma grande cidade pelo pequeno número dos seus piores habitantes.

> "Como variante dessa opinião, temos a dos que não veem, nas comunicações espíritas e em todos os fatos materiais a que elas dão lugar, mais do que a intervenção de uma potência diabólica, novo Proteu que revestiria todas as formas, para melhor nos enganar."

Essa proposta não resiste a um exame série. Que diabo seria esse capaz de propor uma doutrina tal como a resumida no item VI? Por outro lado, admitir a comunicação apenas dos maus Espíritos, já é reconhecer a existência de uma potencial espiritual como causa das manifestações. Se os maus se comunicam, por que também os bons não poderiam? Uma tal doutrina é contrária ao mais simples bom senso.

Capítulo VII

81. Manifestação exclusiva de personalidades conhecidas – Item XI

"Esquisito é, acrescentam, que só se fale dos Espíritos de personagens conhecidas e perguntam por que são eles os únicos a se manifestarem."

Trata-se de um erro proveniente de uma observação incompleta dos fatos. Os Espíritos que se manifestam espontaneamente são, na maioria das vezes, desconhecidos para nós. Utilizam nomes que nada significam para nós. Claro que se pode evocar um Espírito conhecido, um parente próximo ou amigo, ou mesmo um nome ilustre.

82. A identificação dos espíritos – Item XII

"Um fato demonstrado pela observação e confirmado pelos próprios Espíritos é o de que os Espíritos inferiores muitas vezes usurpam nomes conhecidos e respeitados. Quem pode, pois, afirmar que os que dizem ter sido, por exemplo, Sócrates, Júlio César, Carlos Magno, Fénelon, Napoleão, Washington, etc., tenham realmente animado essas personagens?"

Essa é uma dificuldade real do Espiritismo prático. O controle da identidade dos Espíritos é difícil de se estabelecer. Se não podemos ter a certeza absoluta da identidade, podemos, pelo menos, ter a sua presunção, após um conjunto de indícios.

No caso de um parente ou amigo conhecido, sobretudo se morreu recentemente, ocorre que sua linguagem reflete o caráter que conhecemos. Se o Espírito fala de coisas íntimas, lembrando de circunstâncias desconhecidas das pessoas presentes, é um forte indício de sua identidade.

Pode acontecer também que a forma da escrita se reproduz exatamente a mesma cada vez que o mesmo Espírito se apresenta. Também acontece muitas vezes que a forma da escrita de pessoas mortas há pouco tempo tenha uma semelhança marcante com a da pessoa quando viva.

Não será demais repetir, afirma Kardec, que a ciência espírita exija um estudo assíduo e longo. Não se podendo provocar à vontade os fatos, deve-se esperar que eles se apresentem. Ao observador atento e paciente não faltará oportunidade de novos aprendizados.

83. Divergências na linguagem e nos ensinamentos dos espíritos – Item XIII

"Diferindo os Espíritos muito uns dos outros, do ponto de vista dos conhecimentos e da moralidade, é evidente que uma questão pode ser por eles resolvida em sentidos opostos, conforme a categoria que ocupem, exatamente como sucederia, entre os homens, se a propusessem ora a um cientista, ora a um ignorante, ora a um gracejador de mau gosto." "Mas, ponderam, como se explica que os tidos por Espíritos de ordem superior nem sempre estejam de acordo entre si?"

A contradição é mais aparente do que real. Seja porque os Espíritos empregam termos diferentes, seja porque examinam a questão sobre um outro ponto de vista. A ideia fundamental é sempre a mesma. Muitas vezes há apenas uma diferença de palavras. Os Espíritos Superiores não se prendem à forma, para eles o pensamento é tudo.

Cessemos, pois, diz Kardec, de dar às coisas convencionais mais importância do que merecem, para nos deter naquilo que é realmente sério, e assim, descobriremos uma semelhança de pensamentos que nos havia escapado num primeiro exame.

84. As falhas de ortografia cometidas por Espíritos – Item XIV:

> "Passaríamos de leve pela objeção que fazem alguns céticos, a propósito das faltas ortográficas que certos Espíritos cometem, se ela não oferecesse margem a uma observação essencial."

Para os Espíritos Superiores a ideia é tudo, a forma da linguagem é nada. Livres dos embaraços da matéria, se comunicam entre si pelo próprio pensamento, sem o intermediário da linguagem. Pouco à vontade se sentem quando se utilizam de nossa linguagem. Limitada e imperfeita para expressar seus pensamentos. É natural, pois, que liguem pouca importância à ortografia quando se trata de dar um ensinamento grave e sério.

Não se pode concluir, no entanto, que desconheçam a correção da linguagem. Pois eles se expressam com absoluta correção quando isso é necessário. A poesia, quando ditada por eles, desafia a crítica mais meticulosa.

85. A loucura proveniente dos estudos espíritas - Item XV

> "Há também pessoas que veem perigo por toda parte e em tudo o que não conhecem. Daí a pressa com que, do fato de haverem perdido a razão alguns dos que se entregaram a estes estudos, tiram conclusões desfavoráveis ao Espiritismo."

Pelos trabalhos da inteligência é possível se estropiar o cérebro, que é o instrumento do pensamento. As grandes preocupações da alma podem ocasionar a loucura. Todas as ciências, as artes, a filosofia e a religião já forneceram seus contingentes. O Espiritismo não tem nenhum privilégio sobre esse aspecto.

Capítulo VII

No entanto, quando bem compreendido, o Espiritismo é um preservativo para a loucura. Apresentando a vida sobre um novo ponto de vista, o Espiritismo nos faculta entender todas as tribulações da vida como incidentes desagradáveis no curso de uma viagem. Pela prova cabal da vida futura, dá ao verdadeiro espírita *"uma resignação que o preserva do desespero e, por conseguinte, de uma causa permanente de loucura e suicídio".*

86. A teoria magnética (sonambulismo desperto) e a da absorção do meio ambiente - Item XVI:

> "Resta-nos ainda examinar duas objeções, únicas que realmente merecem este nome, porque se baseiam em teorias racionais. Ambas admitem a realidade de todos os fenômenos materiais e morais, mas excluem a intervenção dos Espíritos."
> "Segundo a primeira dessas teorias, todas as manifestações atribuídas aos Espíritos não seriam mais do que efeitos magnéticos."

Muitas das manifestações podem ser explicadas por meio da teoria magnética. Uma observação cuidadosa de todos os fenômenos espíritas mostra, no entanto, que em vários deles a intervenção do médium, a não ser como instrumento passivo, é materialmente

Compreendendo a "Introdução" de O Livro dos Espíritos

impossível. A teoria magnética não explica a totalidade dos fatos.

Cabe ainda dizer que a falta de unidade nas manifestações obtidas por um mesmo médium evidencia a diversidade das causas. Como não as podemos encontrar todas nele, segue-se que as causas dos fenômenos estão fora dele.

Talvez as causas pudessem estar no meio ambiente:

> "Segundo outra opinião, o médium é a única fonte produtora de todas as manifestações; mas, em vez de extraí-las de si mesmo, como o pretendem os partidários da teoria sonambúlica, ele as toma ao meio ambiente."

Acrescentam ainda os contraditores que:

> "a irradiação vai muito além do círculo imediato que nos envolve; o médium é o reflexo de toda a Humanidade, de tal sorte que se as inspirações não lhe vêm dos que se acham a seu lado, ele as vai beber fora, na cidade, no país, em todo o globo terráqueo e até nas outras esferas."

Claro que uma teoria como essa explica tudo, sendo mais fantástica que a simples explicação espírita. Uma suposição como essa de uma irradiação universal vindo, de todas as partes do Universo, concentrar-se no cérebro de um indivíduo é muito inverossímil.

Basta comparar tal explicação com a simplicidade da teoria espírita para que o bom senso decida.

Outro ponto fundamental é que a teoria sonambúlica foi imaginada por alguns homens. Foram opiniões individuais, criadas para explicar um fato. A doutrina espírita foi ditada pelas próprias inteligências que se manifestam, quando ninguém disso cogitava, quando até a opinião geral era contrária.

87. Conhecimento incompleto dos fatos espíritas – Item XVII

De tudo o que foi exposto dos contraditores, podemos afirmar que suas propostas, quando não são posições sistemáticas por interesses, resultam de um conhecimento parcial ou incompleto dos fenômenos espíritas.

Somente a doutrina espírita oferece uma explicação completa de todos os fatos, tendo além disso uma simplicidade própria das mais consolidadas teorias científicas.

A ciência espírita *"compreende duas partes: experimental uma, relativa às manifestações em geral, filosófica, outra, relativa às manifestações inteligentes. Aquele que apenas haja observado a primeira se acha na posição de quem não conhecesse a física senão por experiências recreativas, sem haver penetrado no âmago da ciência. A verdadeira doutrina espírita está no ensino que os Espíritos deram, e os conhecimentos que esse ensino comporta são por demais profundos e extensos para serem adquiridos de qualquer modo, que não por um estudo sério e perseverante, feito no silêncio e no recolhimento; porque só dentro desta condição se pode observar um número infinito de fatos e nuanças que passam despercebidos ao observador superficial, e que permitem firmar opinião."*

Kardec demonstra ao longo de toda essa Introdução a profundidade e a simplicidade de seu pensamento. Cabe a todos os verdadeiros espíritas o estudo aprofundado de sua obra, buscando aprender com ele. Que seu método, seu rigor e sua sabedoria sejam nossos verdadeiros guias.

88. Concluímos esse primeiro volume da coleção *Compreender O Livro dos Espíritos*.

Nos próximos volumes dessa série pretendemos investigar todos os capítulos dessa mais importante obra espírita.

No volume II pretendemos analisar todos os capítulos e todos os itens da primeira parte de *O Livro dos Espíritos*.

Obrigado e bons estudos das obras de Kardec! ∎

Livros Espíritas Publicados

Espírito e Matéria

Autor: Cosme Massi
Páginas: 200

Um final de semana de filosofia e amizade entre quatro personagens: Renê (estudioso de Kardec), Max (materialista cético), Ana (jornalista humanista) e Paulo (espírita convicto). Do encontro resultaram cinco diálogos sobre as causas primeiras de todas as coisas: Deus, espírito e matéria. Reflexões sobre algumas das contribuições da filosofia para a compreensão do Espiritismo.

As leis naturais e a verdadeira felicidade

Autor: Cosme Massi
Páginas: 216

Continuando sua série de livros explicativos sobre *O Livro dos Espíritos,* que agora chega, este, à sua terceira parte e aquela ao seu quarto volume, Cosme Massi aborda as **Leis morais**. Mas antes de comentar a obra kardequiana, atividade que desempenha constantemente e com profundidade, o autor nos mostra e demonstra, com técnica, clareza e de forma inédita, alguns importantes princípios filosóficos que giram todos, em torno da **ação humana.** Um deleite para aqueles que buscam respostas para as principais questões da **vida social.**

www.kardecbooks.com

Kardec para Mulheres

Autor: Rosana Voigt Silveira
Páginas: 376

O que o Espiritismo tem a dizer e a contribuir para o universo feminino. Este livro é uma coletânea dos principais textos e pensamentos de Allan Kardec sobre as Mulheres. Fizemos uma pesquisa profunda e bastante sensível sobre os principais temas relevantes ao belo, complexo e grandioso universo feminino. Nosso objetivo é facilitar a vida cada vez mais atribulada das Mulheres e contribuir para que possam encontrar rapidamente ajuda em Kardec em diversos setores de sua vida prática, emocional e espiritual.

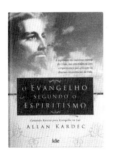

O Evangelho Segundo o Espiritismo

Autor: Allan Kardec
Páginas: 286

Um dos cinco livros que constituem a codificação espírita, conjunto de ensinamentos e revelações transmitidos por Espíritos superiores, organizados e comentados por Allan Kardec. Contém a explicação das máximas morais do Cristo, sua concordância com o espiritismo e aplicação nas diversas situações da vida, valorizando o poder do amai-vos uns aos outros, quando se deixa o amor fraterno guiar a mente, coração, mãos e passos para que tudo se equilibre.

www.kardecbooks.com

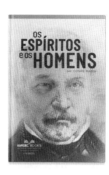

Os Espíritos e os Homens

Autor: Cosme Massi
Tema: Espiritismo, Materialismo e Filosofia Clássica. Diálogos Filosóficos.
Páginas: 156

Os quatro personagens: Renê (estudioso de Kardec), Max (materialista cético), Ana (jornalista humanista) e Paulo (espírita convicto), encontram-se novamente na Estância do Pensar para a continuação dos diálogos filosóficos em torno do pensamento e da obra de Allan Kardec. "O Espiritismo oferece um recurso prático que é muito eficiente para o controle das paixões e, também, para ajudar na prática da resignação. Esse algo é conhecido nas religiões como a prece ou a oração." Cosme Massi

Sabedoria Espírita

Autor: Daniel Araújo Lima
Páginas: 304

Esta obra apresenta a resposta do Espiritismo às três questões fundamentais da Filosofia: O que podemos saber? O que devemos fazer? O que nos é lícito esperar? Quais são, portanto, a TEORIA, a ÉTICA e a SALVAÇÃO que a Doutrina Espírita propõe? Quais são as respostas que o Espiritismo tem a dar a essas três questões propostas por Kant?

www.kardecbooks.com

Coleção Revista Espírita

Autor: Allan Kardec | **Tradutor:** Julio Abreu Filho

A coleção da Revista Espírita é a mais prodigiosa fonte de instruções doutrinárias e informações sobre o Espiritismo. Podemos acompanhar na Revue Spirite o esforço grandioso e minucioso de Kardec na construção da Doutrina Espírita.

1858 - Ano I   1859 - Ano II   1860 - Ano III   1861 - Ano IV

1862 - Ano V   1863 - Ano VI   1864 - Ano VII   1865 - Ano VIII

1866 - Ano IX   1867 - Ano X   1868 - Ano XI   1869 - Ano XII

www.kardecbooks.com

Allan Kardec em vídeo.

É uma plataforma de vídeos com aulas expositivas que explicam com profundidade as obras de **Allan Kardec**. É o Espiritismo explicado passo a passo, com toda a lógica, filosofia e respeito à coerência de seu pensamento. **Estude 24h/dia.**

É o "Netflix" de Kardec
Acesse: www.kardecplay.com

BENEFÍCIOS DO KARDEC Play

- ✓ Pode ser estudado individualmente, em grupos familiares ou grupo de estudos da Casa Espírita
- ✓ Introduz o estudante ao pensamento lógico, às técnicas de interpretação de textos, às filosofias clássica e espírita

CONTEÚDOS DO KARDEC Play

Videoaulas sequenciais e sistematizadas.

Dezenas de vídeos com estudos de *"O Livro dos Espíritos"* e outras obras de Allan Kardec e também sobre Filosofia Espírita. **Confira alguns títulos disponíveis:**

- ✓ Auxilia a compreensão das questões mais difíceis de *"O Livro dos Espíritos"*
- ✓ Fornece um ponto de vista diferente para novos *insights* das obras de Allan Kardec
- ✓ Videoaulas legendadas em 4 idiomas: Português, Inglês, Francês e Espanhol

KARDECPEDIA
Allan Kardec em texto.

Todas as obras de Allan Kardec em uma plataforma GRATUITA.

Online e gratuito.
Acesse: www.kardecpedia.com

- ✓ A **KARDECPEDIA** é uma plataforma interativa que facilita o estudo das obras de Allan Kardec
- ✓ Disponível em 4 idiomas
- ✓ Interaja propondo novos relacionamentos entre os itens que compõem cada obra, ou nos envie cópias digitais de livros de Kardec e de outros livros por ele citados

OBRAS DE ALLAN KARDEC

Disponibilizamos as obras originais de **Kardec** e outras obras por ele citadas, além de traduções em diferentes idiomas:

O LIVRO DOS ESPÍRITOS

O QUE É O ESPIRITISMO?

O LIVRO DOS MÉDIUNS OU GUIA DOS MÉDIUNS E DOS EVOCADORES

O EVANGELHO SEGUNDO O ESPIRITISMO

VIAGEM ESPÍRITA EM 1862

CATÁLOGO RACIONAL DE OBRAS PARA SE FUNDAR UMA BIBLIOTECA ESPÍRITA

A GÊNESE OS MILAGRES E AS PREDIÇÕES SEGUNDO O ESPIRITISMO

O CÉU E O INFERNO OU A JUSTIÇA DIVINA SEGUNDO O ESPIRITISMO

Entre outras obras:

- ✓ Coleção completa da Revista Espírita;
- ✓ Resumo da lei dos Fenômenos Espíritas;
- ✓ O Espiritismo em sua mais simples expressão;
- ✓ Instruções Práticas sobre as Manifestações Espíritas;
- ✓ Obras Póstumas;

APP GRÁTIS!

Baixe o App da **KARDECPEDIA** no seu celular.

CARO LEITOR

Caso tenha encontrado algum erro, de quaisquer ordem, ou caso queira deixar sua sugestão sobre esta ou outras obras da **Editora KARDEC Books,** favor encaminhar uma mensagem para: contato@nobilta.com.br

Sua crítica é fundamental para o melhor andamento de nossos trabalhos.

Bons estudos,
A Editora.

PROJETOS DO IDEAK:

kardecbooks.com   kardecplay.com   kardecpedia.com   kardec.blog.br

O **IDEAK** é uma Associação Espírita sem fins lucrativos criada com o objetivo de divulgar para o mundo o Espiritismo, segundo o pensamento e as obras de Allan Kardec. Para saber mais, acesse: **www.ideak.com.br**